JUAN XXIII
un campesino en el vaticano

Fernando Sánchez-Costa

Casals

Directora de la colección: M.ª Mercedes Álvarez

© 2013, Fernando Sánchez-Costa y Editorial Casals, S.A.
Tel. 902 107 007
www.editorialcasals.com
www.bambulector.com

Diseño de cubierta: Bassa & Trias
Fotografías: Age Fotostock, AISA, Album, Corbis/CordonPress

Primera edición: octubre de 2013
ISBN: 978-84-218-5358-0
Depósito legal: B-16248-2013
Impreso en Anzos, S.L., Fuenlabrada (Madrid)
Printed in Spain

A mis padres, Pilar y Fernando,
que con afecto, naturalidad y hondura
me introdujeron en la belleza de la fe.

A Joan Galtés, sacerdote,
profesor y amigo, que me ha enseñado
a querer a la Iglesia.

A la sombra de los Alpes

No eligió Angelo el mejor día para nacer. Aquel 25 de noviembre de 1881 soplaba un viento frío procedente de los Alpes y llovía con fuerza en el norte de Italia. La cortina de agua que caía impedía divisar los campos y las casas de los alrededores. No era posible descansar la mirada en los bosques, los montes y las viñas que rodeaban Sotto il Monte, el pequeño pueblo de campesinos donde vivía la familia Roncalli. Diluviaba en aquella población situada en el norte de Italia, no lejos de los Alpes; los animales buscaban refugio al amparo de los árboles y bajo los techados de las granjas. Sin embargo, ese día oscuro traía presagios de luz para la familia Roncalli: iba a nacer el pequeño Angelo, que años más tarde se convertiría en el papa Juan XXIII.

Su padre, Giovanni, esperaba ansioso el nacimiento. Con su mujer, Marianna, tenía ya tres hijos; mejor dicho, tres hijas. Entonces no existían las ecografías y los niños no nacían en los hospitales. Así, mientras el viento soplaba recio en el exterior, Marianna se encontraba en una habitación de la casa, sumida en los dolores del parto y con la incertidumbre de si su cuarto hijo sería otra niña. Giovanni, conversaba con el tío Zaverio:

—Pido a Dios que sea un niño —afirmaba nervioso—. Necesitamos un varón para que ayude a la familia en las tareas del campo. Un chico fuerte, que pueda segar con brío y transportar maderas.

—Confiemos en la Providencia —repetía una y otra vez el tío Zaverio, un hombre culto y religioso—. Dios sabrá lo que es mejor para todos.

—¡Ojalá sepa que lo mejor es un niño! —insistía Giovanni mientras el tío Zaverio reía sin poder disimular tampoco su inquietud.

Finalmente, el bebé vio la luz. Era un niño, un hermoso bebé. El padre y el tío no podían contener su alegría. También la madre, tras los esfuerzos del parto, sonreía aliviada. El niño sollozaba, recién arrojado al mundo de la vida.

—¿Qué será de él? —se preguntaba en voz alta la madre, que lo miraba embelesada con esos ojos de afecto infinito exclusivos de un corazón materno.

—Cada niño es un misterio —respondió con gravedad el tío Zaverio—. Cada recién nacido es una promesa. Puede serlo todo y puede no ser nada. Puede ser campesino, profesor, militar, sacerdote. Puede llegar a ser un santo o un malvado. Este es el misterio de los niños. Todo en ellos es posibilidad y promesa.

—Será un buen campesino —apostilló Giovanni, orgulloso de tener en brazos a su cuarto hijo.

—Es lo más lógico —añadió el tío Zaverio—. Procuremos, entonces, que sea un campesino santo.

Siguiendo la tradición de la época Angelo Roncalli fue bautizado el mismo día de su nacimiento. Así, el 25 de noviembre de 1881 nació a la vida del mundo y a la vida de la fe. Él, naturalmente, no se dio cuenta ni de una cosa ni de la otra; vivía en esa feliz inconsciencia propia de los bebés. Tenía toda la vida por delante. ¿Quién le iba a decir que viviría dos guerras terribles, que se ordenaría sacerdote, que salvaría la vida de miles de judíos, que sería embajador, obispo y, finalmente, uno de los Papas más queridos de la historia?

Y el pequeño estaba ajeno a todo: dormía, sonreía, movía sus manos diminutas, gimoteaba, lloraba, mamaba, jugaba... Era un bebé como tantos otros, como todos. El pequeño Angelo deseaba únicamente comer y dormir. De hecho, ambas cosas le gustaron mucho durante toda la vida. Su alma siempre fue la de un niño; quizá por eso dormía sin problemas, a veces, incluso, en lugares inapropiados, como en las clases. En sus primeros años de seminario, Angelo dedicaría el tiempo de recreo posterior a la comida a dormir una buena siesta.

Ahora, sin embargo, el recién nacido empezaba a abrir sus ojos a la vida. A su alrededor podía distinguir una gran casa, en la que vivían su padre Giovanni y su madre Marianna, junto a sus tres hijas. La casa era heredada; grande pero austera. El trabajo del padre no permitía una vida de lujos; no había refinamientos en el hogar. Compartían la planta baja personas y animales, por los cuales Angelo siempre sintió afecto. Pero el hogar familiar no solo estaba ocupado por su familia inmediata, que iría creciendo con el tiempo. En la misma casa vivía un primo de su padre, llamado Luis, junto a su mujer y sus hijos. Y también vivía con ellos el tío Zaverio, que desempeñó un importante papel en la formación del pequeño Angelo. Soltero, culto y piadoso,

Zaverio era el verdadero patriarca de la comunidad familiar. Él llevaba el timón de la gran familia; desde muy temprano se hizo cargo de Angelo, al que trataba como a un hijo.

Giovanni, el padre del pequeño, trabajaba en el campo. Cultivaba unos terrenos alquilados a una familia nobiliaria de Bérgamo, la ciudad más cercana a Sotto il Monte. El cultivo de la uva, la vid, era la especialidad de la región. Por su parte, las mujeres compaginaban sus labores en el hogar con la crianza de gusanos de seda. En la zona había muchas moreras, de modo que la fabricación de seda era una de las actividades principales de la población. Cuando no había escuela, los niños ayudaban en los trabajos campesinos. No eran ricos ni disfrutaban de comodidades, pero tenían el campo como patio. La naturaleza era su ambiente. Sus amigos eran los perros. El Sol y la Luna eran sus lámparas. Su vida era sencilla. También lo eran sus juegos.

El pequeño Angelo nunca olvidó sus orígenes humildes y campesinos. Cuando, a lo largo de la vida, le tocó sentarse entre personajes de la alta sociedad, diplomáticos y políticos, a menudo recordaba la sencilla luminosidad de los campos de su infancia. Y así intentó actuar siempre, entre obreros y entre diplomáticos, como sacerdote y como Papa: con la naturalidad, la sencillez y la alegría de su sobria vida campesina. No se avergonzó nunca de su modesto origen.

Muchos años más tarde, cuando ocupaba el cargo de nuncio en París —es decir, de representante y embajador del Papa—, le correspondió presidir una ceremonia religiosa en el pequeño pueblo de Fleury-sur-Loire. El alcalde, que era comunista, asistió a la ceremonia y se vio en la obligación de dirigir unas palabras al enviado del Papa. No resultaron especialmente brillantes.

—Es un placer, quiero decir, es un honor, recibir al representante del Papa de Roma, venido de tan lejos. Estamos muy contentos por su visita a nuestro pueblo —siguió perorando, repitiendo continuamente la misma idea y embarullándose con sus propias palabras.

—Señor alcalde —lo interrumpió Angelo Roncalli para ayudarlo a salir del trance retórico en el que se estaba metiendo—, el placer es mío. Es un gran honor que un hijo del campo, elegido por los votantes para dirigir su comunidad, me dé la bienvenida.

—Gracias, Santo Padre —continuó el alcalde, confundiendo al nuncio con el Papa—. Disculpe mi parloteo. No tengo experiencia en discursos; soy un simple campesino.

—No se lamente por mí —apostilló Roncalli con su habitual tono sencillo y campechano—. Quizá ni usted ni los amables vecinos que se han congregado para este acto saben que, bajo esta sotana tan elegante y adornada, vive y respira un campesino.

El pueblo quedó estupefacto. El arzobispo que tenían delante no procedía de la alta nobleza ni era un hombre de gesto adusto y envarado. Aquel obispo, aquel representante del Papa, aquel prelado que despachaba con el presidente de la República francesa, que hablaba a menudo con figuras del mundo de la diplomacia y de la política, era, como ellos, un campesino. «¡Es uno de los nuestros!», pensaron todos.

Y este fue el secreto de la popularidad de Angelo Roncalli durante toda su vida. La gente lo consideró siempre como uno de los suyos. Procuró sintonizar con las personas que tenía alrededor: acercarse, no distanciarse; rebajarse, no ensalzarse; vibrar al ritmo del corazón de los demás; mirarlos no solo como un padre o un Santo Padre, sino con el cariño de una santa madre. Este era su método. No era una estrategia puntillosamente diseñada; le salía de dentro, de su bondad natural. Lo había aprendido en las cartas de san Pablo y había recibido esta gracia del cielo.

—Entonces —proclamó el alcalde, ahora ya mucho más distendido—, usted es uno de los nuestros. ¡Bienvenido a casa, señor nuncio!

—Gracias por su hospitalidad —contestó con jovialidad Roncalli—. La persona que les habla, en su vestimenta de representante del Papa, se alegra y se enorgullece de ser también hijo de un hombre humilde, pero trabajador fuerte y honesto. Podemos, pues, darnos la mano y agradecer a Dios lo que somos y representamos.

Estos hechos ocurrirían en el año 1945, sesenta y cuatro años después de su nacimiento aquel día ventoso y desapacible en las estribaciones de los Alpes, en Sotto il Monte. El pueblo y los paisajes de su infancia ocuparían siempre un lugar privilegiado en el corazón de Angelo. A lo largo de su vida, siempre que podía, procuraba pasar un mes de verano en el pueblecito que lo vio nacer. Su sed de Dios quedaba algo saciada con aquellos horizontes infinitos. La libertad de su alma se sentía mecida por la brisa campestre. Su sencillez interior conectaba con la bella simplicidad de los pájaros y las flores. Y su bondad podía verterse en aquellas personas rudas pero honestas, entre las que se había forjado su vocación y se había cimentado su personalidad.

Una familia numerosa y hospitalaria

Angelo fue el cuarto hijo de Giovanni y Marianna, pero no sería el último. Al contrario, acabó siendo de los mayores. El matrimonio tuvo trece hijos y todos llegaron a la madurez. Ninguno murió en la infancia, como era habitual en la época.

El otro matrimonio que vivía en la casa —el formado por el primo de su padre y su mujer— tuvo también una familia muy numerosa. En total, vivían bajo un mismo techo treinta y tres personas, a las que había que alimentar diariamente. Muchos años más tarde, al ejercer como diplomático del Vaticano y participar en banquetes en embajadas en las que sobraba y se tiraba la mejor comida, la cabeza de Angelo volvía a sus años mozos. En su casa comían lo mismo diariamente: polenta, una especie de maíz triturado y amasado; un día y otro, el mismo plato sobre la mesa. Solo en las grandes celebraciones se podían permitir el lujo de alguna variación.

Así pues, Angelo aprendió en su familia el valor de la austeridad y de la pobreza, que siempre intentaría seguir. También conoció otra gran virtud: la hospitalidad, que consiste en acoger con afecto al pobre, al peregrino, al extraño que llega a un lugar. En la Biblia se ensalza con frecuenca la hospitalidad. Se narran historias de algunos grandes patriarcas del Antiguo Testamento que acogieron en sus casas a viajeros desorientados. Al final, estos transeúntes sin techo se habían revelado como ángeles de Dios. Angelo aprendió desde niño que la Iglesia considera la hospitalidad como una gran obra de misericordia.

La familia Roncalli conocía y vivía el cristianismo. En la mesa de los Roncalli nunca faltaba espacio para acoger al desvalido que llamara a su puerta. Los hijos conocían bien la benevolencia de la madre, de la que a veces se quejaban un poco. Sentar a alguien en la mesa podía suponer comer un poco menos. Bien lo sabía la hija mayor, Teresa. En una ocasión, llegó a su casa una pareja de desastrados vagabundos. Teresa se temió lo que podía suceder. Procurando que su madre no se diera cuenta, los despidió amablemente y los envió al cura del pueblo. Pero a las madres se les escapan pocas cosas. Se enteró de lo sucedido y habló seriamente con su hija:

—Teresa, ¿por qué has rechazado a esos señores?

—Mamá —contestó Teresa compungida, pero al mismo tiempo algo orgullosa—, no eran señores. Eran dos vagabundos con un aspecto muy extraño. Olían muy mal. Les he dicho que fueran al sacerdote. Él vive solo, nosotros somos muchos y la comida no sobra…

La madre la comprendía, pero quiso dar una lección de caridad a sus hijos. Miró a su hija y le dijo con cariño:

—Teresa, nosotros tenemos un techo para protegernos de la lluvia y del frío.

—Sí, mamá, pero…

—La Iglesia nos recuerda que debemos acoger a los peregrinos y a los pobres como si fueran el mismo Jesucristo.

—Pero, mamá, ya somos muchos...

—Anda, hija, vete a buscar a esos señores y diles que les espera cena en casa. Los bañaremos, les daremos cobijo.

No eran palabras vacías. La madre no lanzaba frases bonitas al viento; hablaba en serio. En efecto, Marianna bañó a la mujer, que estaba embarazada, y pidió a Angelo que hiciera otro tanto con el hombre. Angelo ayudó a lavarlo en la bañera. Los dos, que eran gitanos, no podían estar más contentos. Pero Marianna no se limitó a asear y cobijar a los nuevos huéspedes. Decidió matar una de las pocas gallinas que tenía la familia, desplumarla y cocerla, para que los viajeros dispusieran de una buena cena. No hace falta decir que, con esta sobreabundancia de caridad, todos se quedaron un poco sorprendidos. También Giovanni quedó desconcertado. El padre de Angelo llegó a casa después de una dura jornada de trabajo. La Navidad estaba cerca.

—¡Marianna, qué olor tan magnífico! Desde la entrada del pueblo se puede oler el aroma de carne de nuestra cocina... Para una cena así, vale la pena trabajar todo el día.

—Papá —se adelantó emocionado Angelo—, mamá ha matado y desplumado una gallina.

—Entonces, hoy es un día grande. Tenemos pocas gallinas y solo las matamos por Navidad. Pero, ¿estamos ya en Navidad?

—En cierto modo, sí —terció Marianna, que acababa de aparecer en el recibidor—. Han llegado una mujer y un hombre perdidos, y han solicitado alojamiento. Ella está embarazada y hace frío.

—Ya —dijo un poco malhumorado Giovanni—. Hemos matado la gallina para unos vagabundos que vienen de...

—¡De Bulgaria! ¡Son de Bulgaria! —apostilló Angelo, que todavía no situaba muy bien en el mapa ese país lejano, pero que estaba emocionado por hospedar en casa a personas de otras tierras.

—¿Y qué tienen que ver esos pobres búlgaros con la Navidad? —inquirió el padre.

—¡Ay, Giovanni, Giovanni! —apuntó Marianna haciendo un poco de teatro—. ¿No te das cuenta de que María y José también llegaron de lejos y pidieron alojamiento? Nadie se lo dio. Hoy, acogiendo a estas personas, demostramos que el nacimiento de Jesús tuvo sentido.

—¡Ah! —añadió el padre sorprendido—. Si tú lo dices...

Angelo creció, pues, en el seno de una gran familia que, con sus momentos de mayor y menor bonanza, se esforzó por dar a sus hijos el pan de cada día y el ejemplo de una vida cristiana. La persona más piadosa de la casa era el tío Zaverio, que era también el más instruido. Él se encargó de enseñar las primeras letras a Angelo, que crecía lozano y alegre. No había muchos libros en casa, así que el niño aprendió a leer y a escribir con libros piadosos, y también con la clásica novela italiana *Los novios*, de Alessandro Manzoni.

Cuando llegó el momento, Angelo fue a la pequeña escuela de Sotto il Monte. No era un niño superdotado, pero tenía una mente ágil y despierta. En una ocasión se presentó en el colegio el inspector escolar del Estado, que quiso pulsar el nivel intelectual de los niños. Los alumnos estaban algo asustados ante aquel hombre tan elegantemente vestido, de rostro serio y lenguaje complicado. Habló el inspector:

—Vamos a ver. Vosotros sois chicos inteligentes, que además conocéis bien los engranajes del campo, ¿verdad?

—¡Sí, señor inspector! —contestaron todos al unísono, tal como habían ensayado durante días con el maestro del pueblo.

—Bien, así me gusta. La joven República italiana está orgullosa de vosotros —dijo el inspector con voz algo impostada—. Sois el futuro de nuestra nación.

—Gracias, señor inspector.

—Os voy a hacer una pregunta, que seguro me responderéis muy bien. ¿Qué pesa más, un kilo de paja o un kilo de madera?

—Un kilo de madera —respondieron todos inmediatamente.

¿Todos? No, un alumno no había respondido junto a sus compañeros. Se había quedado pensativo. Y, cuando callaron los demás alumnos, antes de que el inspector pudiera dejarlos en evidencia, respondió:

—Pesan lo mismo.

—¿Perdón? —preguntó el inspector—. ¿Quién ha dicho que pesan lo mismo?

—Lo he dicho yo —respondió un niño mientras sus compañeros se reían por lo bajo pensando en su metedura de pata.

—¿Cómo te llamas?

—Angelo, señor inspector.

—¿Y por qué dices que pesan lo mismo un kilo de madera y un kilo de paja?

—Pues, bueno —contestó titubeante el pequeño Angelo—, porque un kilo es un kilo.

Rieron sus compañeros. ¿Cómo iba a pesar lo mismo la paja que la madera? Pero el inspector se quedó pensativo y, con su voz campanuda, exclamó:

—¡Bravo, Angelo, has acertado plenamente! Un kilo pesa siempre lo mismo, aunque un kilo de madera ocupe mucho menos que un kilo de paja, porque la madera, evidentemente, es más pesada.

—Gracias, señor inspector —dijo Angelo sin poder disimular su satisfacción.

Angelo iba creciendo. Era un niño bueno, bueno en el mejor sentido de la palabra. Toda la vida, Angelo quiso a los demás y siempre procuró el bien de los otros. Él contó más de una vez que no había mérito por su parte, que le salía de forma espontánea y natural. Desde siempre había sentido una intensa inclinación por querer al prójimo, por desearle lo mejor, por procurarle aquello que necesitara. Nunca tuvo un corazón de piedra. Pero eso no significa que fuera un niño melindroso. De hecho, en la familia Roncalli nunca existió la costumbre de hacer grandes manifestaciones de cariño. La austeridad también se vivía en el trato. Quizá por eso, años más tarde, cuando lo eligieron Papa, una de sus primeras decisiones fue suprimir el beso en el pie que los cardenales daban al Pontífice. Quién sabe si la aprensión que sentían en su casa paterna por los excesivos arrullos mimosos influyó en esta tajante decisión.

Angelo era transparente y piadoso. Cada día hacía de monaguillo en la primera misa, celebrada al alba. Pero eso no significaba que fuera un ser celestial o que se comportara de forma distinta al común de los niños. Le encantaban los perros. Pero todavía le gustaba más la fruta, aunque en su casa no abundaba. Un día de verano, cuando el calor apretaba, Angelo sucumbió a una pequeña tentación que le valió una buena lección. Paseaba por el pueblo, después de comer, cuando todo el mundo sesteaba. De repente, se encontró solo ante una magnífica huerta en la que había unas sandías jugosas y apetecibles. Nadie lo veía. Ni corto ni perezoso, el pequeño Angelo entró en el huerto, tomó una sandía y se retiró a una sombra discreta para disfrutar del manjar.

No tuvo suerte en el gozo de su pequeño placer prohibido. Al cabo de pocos minutos apareció el tío Zaverio. Quizá entonces Angelo no tenía muy claro que Dios lo ve siempre todo, pero pudo experimentar que su tío era casi omnipresente y que no se le escapaba nada. Zaverio no acostumbraba a dormir la siesta. Prefería un buen paseo, solo, acompañado del trino de los pájaros y del ladrido lejano de los perros. De golpe, se topó con Angelo, que, oculto tras un árbol, disfrutaba de los primeros bocados de su golosa sandía.

—Angelo, ¿qué tienes entre las manos? —preguntó el tío inquisitivo.

—Bueno…, es una sandía fabulosa —contestó con su habitual transparencia Angelo.

—¿Y de dónde la has sacado?

—Es que hacía mucho calor y me ha entrado hambre y sed. Y en casa no tenemos sandías.

—Angelo —insistió, serio, Zaverio—. ¿De dónde la has sacado?

—De esa huerta —farfulló el niño, señalando el lugar y poniéndose colorado como la sandía.

—Mira, Angelo, lo que has hecho no está bien. Imagina que cada uno, en este pueblo, entrara donde le pareciese y tomara lo que le viniera en gana. ¿Qué pasaría si los niños del pueblo entraran en el campo de nuestra familia y se llevaran las uvas?

—Pero solo ha sido una sandía…

—No valen excusas —cortó Zaverio—. Ve al dueño y devuélvesela ahora mismo.

—Pero, ¿no puedo dejarla simplemente en el campo donde estaba?

—No. Devuélvela a su dueño. Luego, ven y tendrás tu castigo.

Eran palabras duras. En el momento en que nació Angelo, en la zona estaba muy extendida la costumbre de pegar a los niños. Sin embargo, no se trataba de una práctica habitual en la familia Roncalli, ya que el tío Zaverio había impuesto su criterio. Consideraba que se educaba mejor con palabras suaves y amistosas que con la fusta del castigo; creía que solo en casos excepcionales era conveniente una reprimenda física. Y el robo era uno de esos casos (tuvo mala suerte, el pequeño Angelo). Así que, tras devolver la sandía, el tío le hizo juntar las manos y le propinó algunos golpes en ellas, con energía, pero sin excesiva violencia. A Angelo se le saltaron las lágrimas, quizá más por vergüenza que por dolor.

Pero el tío Zaverio no era un hombre brusco y despiadado. Una vez que dio su lección, tranquilizó al pequeño Angelo. El resbalón no había sido grave. Empezó a explicarle algunas historias de la vida de san Agustín, que de niño había robado algunas peras, a pesar de lo cual después llegó a ser un gran santo. Más tarde descubriría el joven Angelo que san Agustín no solo había robado fruta, sino que había cometido otros pecados bastante más notables. Y, a pesar de ello, había llegado a ser Padre de la Iglesia y santo.

Esta experiencia quedó grabada en el alma de Angelo. Su vivencia de la pobreza lo condujo, siendo sacerdote, obispo y Papa, a capitanear los derechos sociales de los más desfavorecidos. Pero, frente a los comunistas, reivindicó siempre el derecho a la propiedad privada. También en el hogar paterno y de los consejos del tío Zaverio aprendió que es mucho más eficaz la palabra que el látigo, la invitación que la coacción, la alabanza que el reproche. Siendo obispo y Papa, insistiría reiteradamente en ello. No quiso gobernar mediante condenas y amenazas, sino con palabras de aliento y ánimo. Antes que temer, prefirió confiar en los hombres.

Una vida para Dios

«Don Angelo, ¿cuándo decidió hacerse sacerdote?»

Durante su larga vida, a Angelo Roncalli le hicieron muchas veces esta pregunta. ¿Cómo había descubierto su vocación? ¿Había tenido una iluminación del cielo? ¿Había sufrido una conversión repentina, como san Pablo? ¿Había madurado esta decisión tras mucho tiempo de reflexión? ¿Se había hecho sacerdote después de muchos años apartado de la Iglesia? La respuesta a esta pregunta, en el caso de Angelo, era simple:

—En realidad, la historia de mi vocación es muy sencilla. Siempre pensé en ser sacerdote.

Desde que tuvo uso de razón, desde siempre, Angelo creyó que su camino vital pasaba por el sacerdocio. No fue para él una decisión heroica ni complicada, su interior no hubo de debatirse entre las diversas opciones que le presentaba la vida; fue todo más sencillo. Se vio a sí mismo, desde el principio, como sacerdote. Él no cultivaría tierras, sino almas. Y fue sacerdote, a pesar de algunas dificultades iniciales. Angelo decidió dedicar su vida al Evangelio con naturalidad, sin estridencias ni dramatismos. Desde hacía muchos años, Dios se había servido del buen cura de su pueblo, don

Rebuzzini, para fomentar en Angelo el deseo de ser ministro de Dios. Don Rebuzzini era un hombre culto, que podría haber hecho una brillante carrera eclesiástica, pero aceptó con alegría y tesón la misión que le fue encargada: ser sacerdote de un pequeño pueblo. Angelo lo admiraba por su alegría, su amabilidad, su abnegación, su piedad.

Cuando Angelo era todavía un niño, ayudaba a don Rebuzzini en la misa de primera hora. Un día, al acabar la misa, el sacerdote quiso acompañar a Angelo a su casa. Era un día fresco de primavera. Soplaba una brisa suave, divina. El cielo, pintado de azul intenso, contemplaba aquella conversación, indiferente para el resto de la humanidad, centro de atención para los ojos de Dios.

—Don Rebuzzini —dijo de repente Angelo—. Yo quiero ser como usted.

El sacerdote se quedó sorprendido. Él estaba pensando en los enfermos que tenía que visitar aquel día, en el catecismo que debía dar, en las confesiones que iba a escuchar...

—¿Qué quieres decir, Angelino?

—Yo quiero ser un cura de pueblo —contestó ilusionado el niño.

—Pero Angelo —replicó don Rebuzzini—. Todavía eres un niño. No es fácil ser sacerdote. ¿Tú sabes el calor que dan esta sotana y este alzacuellos, que te aprieta la garganta todo el día?

—No sé, don Rebuzzini. Pero yo quiero ser como usted. Querer mucho a Dios y celebrar la misa con esa casulla dorada. Y pasear leyendo ese libro de rezos que usted lleva siempre encima, mientras charla con unos y con otros, y bendice el campo y los animales.

—Bien, Angelino, no es este el momento de pensarlo. Tú ahora estudia y ayuda a tus padres en el campo. Y reza cada día a nuestra Madre del cielo.

Angelo era tan bueno como tozudo y siguió empeñado en ser sacerdote. No es fácil torcer la voluntad de un niño. No lo consiguió ni su primer gran fracaso vital. Poco a poco, don Rebuzzini se convenció de que su monaguillo podía tener, efectivamente, vocación de sacerdote. También la familia, que había ido aumentando, intuía que ese podía ser su camino. Así que, a los 9 años, Angelo dejó la casa de sus padres y partió hacia las aventuras de Dios. Fue a estudiar a Celana, un pueblo cercano en el que había un colegio pensado para niños que mostraban vocación sacerdotal. Se instaló en casa de unos tíos. Pero esta primera aventura no concluyó bien. A medio curso, en una visita a sus padres, Angelo rompió a llorar.

—Angelino, hijo mío, ¿qué te pasa? —le preguntó su madre.

—Mamá, os echo mucho de menos. Los tíos son buenos, pero no son como vosotros.

—Pero, hijo, ¿no estás contento en el colegio?

—No, papá —contestó sollozando Angelo—. Todos los niños son mayores que yo. Y cada día tengo que caminar muchos kilómetros desde la casa de los tíos hasta la escuela.

—Pero, ¿tú no querías ser sacerdote?

—Sí, pero no me gusta ese colegio.

—Bueno, Angelino —concluyó el padre, que era rudo, pero sabía encontrar palabras de afecto cuando era necesario—. Tú no te preocupes. La semana que viene vuelves con nosotros. ¡Y Dios dirá!

Ya a los 10 años, Angelo Roncalli tenía un temperamento bondadoso, franco y transparente. Pero también duro y firme. ¿Una mala experiencia en Celana iba a entorpecer la ilusión de su vida? Él quería ser sacerdote. El párroco, don Rebuzzini, lo tomó entonces bajo su protección y lo ayudó a formarse para poder entrar, dos años más tarde, en el seminario menor de la ciudad de Bérgamo. Y así fue: a los 12 años ingresó en el seminario. El niño cambiaba de ambiente por completo. Dejaba el campo para adentrarse en la ciudad. Abandonaba la familia para vivir en un colegio orientado al sacerdocio.

El edificio del seminario era imponente. Así se lo pareció, al menos, al recién llegado, poco acostumbrado a monumentalidades. Pasillos inacabables, pórticos, clases amplias y cómodas, patios extensos. Y gente, mucha gente. Al cabo de poco tiempo, su director espiritual vislumbró en el joven estudiante un destello especial de gracia divina.

—Padre —le decía Angelo al director espiritual del seminario—. Yo quiero vivir siempre muy cerca de Dios y ser santo, y disfrutar del cielo para siempre.

—Tú sabes, Angelo, que eso no es tan fácil, aunque tampoco es imposible.

—Ya lo sé, padre. A veces hablo demasiado, y me despisto en las clases y las misas. Y en clase quiero responder siempre el primero para que los profesores me digan que soy listo. Y me pierden las frutas.

—Pero quieres a Dios, lo sé.

—Sí, padre. Cuando veo la Luna, tan blanca y tan humilde, pienso en la Eucaristía. Y cuando paseo por la ciudad me sorprendo de tanto ajetreo, si todo acaba pasando. Y cuando veo a los pobres mendigos de la catedral, me pregunto qué alma tendrá un cobijo para ellos.

—Angelo —le interpeló el sacerdote—. Bajo tu talante bondadoso sé que hay un alma sensible. Tienes ribetes de poeta. ¿Por qué no escribes un diario sobre tu vida espiritual? Ya empiezas a ser mayor. Puedes escribir tus reflexiones, tus propósitos, tus oraciones.

—¿Por qué, padre?

—Porque escribiendo fijas mejor tus experiencias y tus propósitos. Tu diario será el registro de tu amistad con Dios. Con el paso de los años, podrás comprobar cómo el Señor te ha ido guiando. Al releerlo, a veces sonreirás, pero siempre será un lugar del que podrás sacar ideas para tu oración.

Así, en Bérgamo, Angelo empezó a escribir un diario espiritual que continuó hasta su muerte. Se publicó entonces con el título *Diario del alma*. Su lectura nos permite bucear por la interioridad de Angelo y seguir su progreso espiritual. Con el paso de los años, a Angelo Roncalli se le conocería como «el Papa bueno». Pero la lectura de su diario íntimo nos demuestra que, detrás de su caridad con todos, su humildad, su amabilidad y alegría, detrás de su amor a Dios, se escondía también una intensa lucha interior. Angelo Roncalli fue un hombre bueno y santo, pero no un simple bonachón bromista. El diario demuestra cómo se fue domando a sí mismo, cómo se fue exigiendo y puliendo en un apasionante combate consigo mismo. A veces tuvo que aferrar con fuerza sus deseos para poder hacer la voluntad de Dios. Su mismo sentido del humor, tan proverbial, fue fruto de su esfuerzo por superar una cierta tendencia a la timidez.

En sus años adolescentes se preocupó particularmente de vivir con esmero la virtud de la castidad. Escribía en su diario que quería vivir puro como un ángel. Con este fin, tomaba las medidas oportunas. Se propuso practicar el ayuno de la mirada. Cuando salía a la calle, por ejemplo, dirigía la vista al suelo, especialmente cuando pasaba ante carteles, anuncios o personas que pudieran estimular la sensualidad. Asimismo, para ser fiel a su vocación, se propuso ser escueto y esquivo en el trato con las chicas en sus veraneos en Sotto il Monte, no porque las chicas fueran algo malo, sino porque eran un don del cielo tan magnífico que podían apartarlo del don todavía mayor que él había recibido: su vocación al sacerdocio.

No obstante, este esfuerzo interior por ser leal a su vocación no lo convirtió en un joven taciturno o replegado. No se convirtió en un anacoreta del desierto. Él amaba la vida y las bondades de la existencia. En el recreo, después de la comida, Angelo aprovechaba para echarse la siesta. El sueño era una de sus principales amistades. Él mismo tuvo que limitarse las siestas, para no excederse, y se impuso un límite de tres cuartos de hora de descanso. Pero tenía un problema: el sueño le sobrevenía en momentos poco oportunos, como el rezo del Rosario, las clases de Teología o las horas de estudio. Por otra parte, el seminario le ofreció la posibilidad de comer mejor que en casa y degustar a menudo la fruta, que tanto le gustaba.

Con su carácter pacífico y su esfuerzo continuado por acercarse a Dios, Angelo fue avanzando en los cursos del seminario menor. Pasaba los veranos en casa de sus padres, donde colaboraba en las labores del campo. Y así llegó el momento de entrar en el seminario mayor, el lugar donde estudiaban Filosofía y Teología los candidatos al sacerdocio.

Los años de seminarista

El joven Angelo crecía física, intelectual y espiritualmente. Lo hacía de la mano de la Virgen. Durante sus años de seminario se propuso rezar cada día las tres partes del rosario y procuró mantener el propósito durante toda su vida. No era un intelectual, pero se fue adentrando progresivamente en los palacios del pensamiento. Le gustaba estudiar y su cabeza despierta y lúcida le permitía destacar en algunas materias. Sus superiores y sus profesores se fijaron en sus talentos y en su profunda vida de piedad. Le nombraron prefecto, un cargo que consistía en ocuparse de un modo especial de sus compañeros de estudio y ayudarlos en sus dificultades.

En calidad de prefecto, el joven Angelo tuvo ocasión de tratar a un compañero, llamado Leonardo, cuya trayectoria le sirvió de enseñanza para toda la vida. Angelo tenía vivos deseos de purificar su alma para hacerla más transparente a la voluntad de Dios y se exigía a sí mismo con fortaleza, pero no era un joven que despreciara la vida. Muy al contrario, en su alma de niño se maravillaba de la bondad y gustaba de la belleza que encontraba a su alrededor. Por eso, desde su transparencia espiritual, le resultaba difícil comprender la actitud de Leonardo. Su compañero era cumplidor, pero su actitud se caracterizaba siempre por un excesivo rigorismo. Llevaba hasta el extremo el sentido del sacrificio y de la penitencia, no se divertía nunca con sus compañeros y, ante las magníficas puestas de sol que se divisaban desde el seminario, se daba la vuelta para evitar contemplar la belleza natural.

—Leonardo, ¿por qué no participas en nuestro entretenimiento y nuestros juegos? —le preguntaba una y otra vez Angelo.

—Son una chiquillada —respondía convencido y altivo el estricto seminarista—. Prefiero guardar todo mi ser para Dios y recogerme en una esquina del patio.

—Tienes razón en que todo nuestro ser debe ser para Dios —argüía Angelo—. Pero Dios quiere también que descansemos y riamos, para servirlo mejor.

—Dios quiere sacrificio —sentenciaba el seminarista.

—Sí, es verdad, pero todo debe hacerse con medida. Somos una unión de cuerpo y alma; hay que encontrar el equilibrio. Solo en el amor a Dios debemos ser extremos.

—Me sacrifico por amor a Dios —respondía Leonardo sin levantar los ojos del suelo.

—Pero Dios no solo es Cruz —replicaba Angelo—. Es también Belleza, Alegría, Bien, Juventud. ¡Mira las puestas de sol, son un espejo de la belleza de Dios! Y ese sol anaranjado, ese rojo del que se tiñen las nubes, es un recuerdo de la Pasión de Dios por los hombres. Yo no me imagino a Dios huraño y sombrío.

Todo fue en vano. Su compañero de seminario se mantuvo terco en su penitencia extrema y en su comprensión de la vida cristiana como negación. Leonardo se ordenó sacerdote y cada uno de los amigos siguió su camino. Al cabo de los años, cuando Angelo Roncalli era ya secretario del obispo de Bérgamo, se encontró a su antiguo compañero por la calle. Estaba casi irreconocible: iba completamente desaliñado, con el pelo desordenado y una vestimenta pordiosera. Olía a alcohol. Abordó a su antiguo compañero y, sin apenas olvidar el tono arrogante que siempre lo había caracterizado, le pidió ayuda.

—¡Angelo! Parece que las cosas te van bien —le dijo con un cierto sarcasmo.

—Bueno, yo me dejo llevar por la vida y la Providencia —comentó Roncalli.

—Necesito tu ayuda. Búscame un trabajo en las obras de restauración de la catedral. Tengo obligaciones que cumplir.

Señaló entonces a una mujer que se mantenía a cierta distancia y que sostenía a dos niños. Era evidente que su antiguo compañero había abandonado el sacerdocio y había emprendido una vida desordenada. Roncalli logró encontrarle un trabajo en las obras de la catedral, pero no sirvió de mucho. El antiguo compañero, que años atrás se negaba a disfrutar de las puestas de sol, murió al cabo de poco tiempo consumido por el alcohol. Su relación con Dios no había sido nunca de hijo, sino de esclavo, y la esclavitud acaba haciéndose pesada e insoportable. Rompió con Dios. En realidad, nunca había llegado a comprender la esencia de Dios y de la vida cristiana: se había sacrificado mucho, pero no había sabido amar.

Así, Roncalli comprendió para siempre que la santidad no está reñida con el sentido común, y a lo largo de su vida introdujo siempre momentos de ocio en su apretada agenda:

le gustaba pasear por los jardines, visitar museos, curiosear por las librerías e incluso, alguna tarde lluviosa, echar una partida de cartas con los amigos. Siendo Papa, veía un programa de humor en la televisión media hora a la semana. Angelo sabía que las mejores aliadas de Dios son la alegría y la serenidad del alma.

Roncalli fue un seminarista ejemplar. En 1901, con 20 años, logró una beca para estudiar en el seminario Apolinar de Roma. Entonces cobró fuerza su interés por el estudio, especialmente, por la historia de la Iglesia.

No obstante, también vivió momentos de dificultad en el camino del amor a Dios. Uno de ellos fue el servicio militar, entonces obligatorio. Roncalli era objeto de chanza y de burla por parte de sus compañeros. Por un lado, se reían de él por su físico y por su torpeza en los ejercicios militares. Por otro, bromeaban sobre su condición de seminarista y le invitaban a introducirse en la práctica sexual. El ambiente del cuartel estaba corrompido. Por la noche, los soldados más veteranos contaban a los jóvenes sus andanzas con prostitutas por la ciudad. Angelo sufría en su cama. Procuraba taparse los oídos y se aferraba a una estampa de la Virgen que llevaba consigo.

Pero las humillaciones y groserías de sus compañeros de cuartel no fueron la tentación más fuerte para la voluntad de Angelo. Se encontró con una amenaza más sutil, a la que combatió toda la vida, hasta que llegó a domeñarla. Se trataba del amor propio, de la vanidad o el orgullo intelectual. Angelo iba ampliando sus conocimientos y era uno de los alumnos más destacados. A veces, en alguna reunión, se envalentonaba y hablaba como si fuera un catedrático. Luego, en su delicadeza espiritual, se arrepentía ante Dios de sus coqueterías intelectuales. Pedía perdón y solicitaba a Dios constantemente la virtud de la humildad.

En el año 1902 tuvo ocasión de ejercitarla. Angelo acababa de obtener la máxima nota en una asignatura de historia de la Iglesia. Rezumaba ilusión por ordenarse sacerdote lo antes posible. Amaba a Dios. Y amaba también la historia, a cuyo estudio quería dedicar todavía algunos años más. Una tarde de primavera, seguro de su vocación y contento con su inteligencia, se acercó a uno de los sacerdotes que dirigía el seminario y que, además, era su maestro espiritual. Tenía algo importante que pedirle. El padre Pittochi estaba en su despacho. Concentrado, acababa de preparar unas clases sobre los ejercicios espirituales de san Ignacio. Angelo Roncalli golpeó suavemente la puerta. Iba convencido y orgulloso de su valentía.

—Roncalli, mi buen seminarista —dijo el anciano Pittochi al verlo entrar.

—Padre, ¿podría hablar con usted unos minutos?

—Sin miedo, Angelo. ¿Qué te ronda por la cabeza?

—Padre, yo quiero a Cristo. Él lo es todo para mí. Sé que he nacido para ser sacerdote, para acompañar al Señor, para anunciar su nombre y su bondad.

—Lo sé, Angelo. Y vas por buen camino. Creces en virtud y conocimiento. Avanzas al paso de Dios.

—Gracias, padre —dijo Roncalli satisfecho—. Pero todavía me quedan algunos años para el sacerdocio. Sé que, con un permiso especial, se pueden adelantar los pasos necesarios antes de la ordenación. Vengo a pedirle que me avance la imposición del subdiaconado.

Se hizo el silencio en el despacho del director. El padre Pittochi se quedó mirando fijamente al seminarista. Angelo aguantó la mirada, confiado y esperanzado. Tras unos segundos de reflexión, simulando cierta indiferencia, el sacerdote continuó la conversación.

—Y, una vez que recibas el subdiaconado, ¿qué te gustaría hacer hasta tu ordenación como sacerdote?

—Haré lo que me pidan, pero…, a pesar de ser campesino, me doy cuenta de que cada vez me gustan más los estudios y la historia. Si pudiera elegir, pediría hacer un estudio de doctorado sobre san Carlos Borromeo.

—Angelo, Angelo… —concluyó el director mientras le mesaba el cabello—. Eres valiente, audaz y soñador. Vuelve dentro de una semana. Entonces, tendrás mi respuesta.

El joven Roncalli abandonó el despacho ilusionado. Rezó especialmente a la Virgen durante toda la semana. En los momentos importantes de su vida, siempre se confiaba a ella. Al cabo de siete días, a la misma hora, se presentó de nuevo ante el director del seminario. Ocurrió lo que no esperaba. El sacerdote le anunció que no le daba permiso para recibir el subdiaconado antes de tiempo. E hizo más aún: le encargó para los meses siguientes un trabajo en la enfermería, atendiendo a los enfermos, lejos de los libros. Roncalli no se lo podía creer. Todos sus planes se venían abajo. Mientras el director le daba las últimas indicaciones sobre su futuro encargo, algo hervía dentro de él. Su rostro reflejaba una mezcla de sorpresa, estupor, desconcierto e indignación. Salió de la habitación sin poder articular palabra.

El golpe fue significativo y produjo un terremoto en la vida interior de Angelo. Su voluntad y su inteligencia se rebelaban ante un encargo que parecía de segunda categoría. ¿Él en la enfermería? ¿Precisamente él, que podía tener una carrera intelectual y académica por delante? Hubo debates y movimientos sísmicos en su alma. Pero venció, como sucedió durante toda su vida, el sentido de la obediencia. A los pies del sagrario, agachó la cabeza y replegó las velas de su voluntad. Escribió en sus cuadernos: «¿Me cuesta obedecer? Pues mejor: obedeceré con buen ánimo y alegre en el Señor».

La enfermería sería para él una gran escuela, mejor que los libros. Desde entonces, en sus ministerios eclesiales, sentiría siempre una predilección especial por los enfermos. Angelo obedeció, pero aquella aceptación prometida en la oración no era siempre tan fácil de aplicar en la vida práctica. Una noche se dispuso a atender a un enfermo que padecía fuertes dolores y que cada cierto tiempo necesitaba una inyección calmante. Pero nuestro brillante seminarista se durmió. El futuro sacerdote vivió la experiencia de los discípulos predilectos del Señor en Getsemaní. Se durmió a la vera de un sufriente. Se despertó al despuntar el día y encontró al joven seminarista al que debía atender con los ojos desorbitados, aferrando con sus manos los barrotes de la cama y con una almohada en la boca para no gemir de dolor.

—¡Pero, hombre! —exclamó Angelo asustado—. Tenías que haberme despertado.

—Dormías tan a gusto que no me atreví a despertarte —respondió compungido el doliente.

—Esto no puede pasar otra vez —insistió Angelo.

—En cualquier caso —concluyó el joven seminarista—, tampoco está de más sufrir un poco para unirnos a la Pasión de Cristo.

Dolido por su negligencia, Angelo acudió una vez más a su director espiritual, el sabio padre Pitocchi. Era un buen maestro de almas que sabía comprender los errores y, al mismo tiempo, ser exigente para su superación. Antes de lanzarlo al sacerdocio, el director quería acabar de pulir la personalidad de su buen seminarista, en quien tenía tantas esperanzas.

—Si no puedes ver a Cristo en cada enfermo que sufre —le dijo—, nunca acabarás de penetrar en el misterio del verdadero amor.

Desde entonces, Angelo se aplicó a la enfermería de forma heroica, desvelándose por todos los enfermos. Del mismo modo que su madre le había enseñado a ver a Cristo en los pobres, en pocas semanas aprendió a reconocer a Cristo entre los enfermos. Como obispo y como Papa, años más tarde, visitaría hospitales, asilos, orfanatos y prisiones. Impondría las manos a los enfermos y les dedicaría una atención especial.

Tras una década preparándose, Angelo Roncalli ya estaba dispuesto para ser un sacerdote fecundo. Había luchado por lograr las virtudes morales, había estudiado y cultivado su inteligencia con empeño, había aprendido a querer a los sufrientes y, finalmente, había logrado abandonarse en manos de Dios, identificar su voluntad con la voluntad del Padre.

En 1904, poco antes de su ordenación como sacerdote, escribía en sus cuadernos:

¿Qué será de mí? ¿Llegaré a ser un teólogo eminente, un gran jurista, un cura rural o un simple y pobre sacerdote? Pero, ¿por qué

me preocupo de todo esto? No llegaré a ser nada de todo esto, o mucho más que ello. Depende de lo que disponga Dios. Él se asegurará de que mi deseo de honores y mi afán por quedar bien ante los demás desaparezcan.

El día 10 de agosto de 1904 Angelo Roncalli fue ordenado sacerdote en Roma. Sus padres no pudieron acudir, por falta de dinero, pero fue un día feliz. Al acabar la celebración, levantó la mirada y se encontró con una apacible y sonriente imagen de la Virgen, a la que tantas veces se había confiado. Celebró su primera misa en San Pedro del Vaticano. Allí, tan cerca del papa Pío X, don Angelo hizo promesa de amar mucho a la Iglesia, de ser fiel al Romano Pontífice y de desgastarse por las almas. Y allí, cerca de la tumba de san Pedro, el flamante sacerdote repitió aquellas palabras tan sencillas y sentidas, que siglos atrás habían salido de la boca de san Pedro, a la orilla del mar de Galilea: «Señor, Tú lo sabes todo, Tú sabes que te amo».

En el ojo del huracán

Angelo por fin había logrado el sueño acariciado desde niño: ser sacerdote. Ahora que ya era don Angelo, quería ser un sacerdote santo. Era consciente de que para eso debía empezar por cuidar sus palabras. Conocía bien la universal tendencia humana a la crítica y al chismorreo. Sabía que el hombre pierde muchas energías por la boca y aumenta las preocupaciones propias y ajenas. Pocos días después de su ordenación, pedía a Dios por escrito, en sus diarios, no hablar mal del prójimo nunca. Él, que era hablador y dicharachero, se conminaba a no criticar nunca. Por ello, rezaba para que Dios pusiera «un centinela y un guardián en la puerta de mis labios».

Don Angelo tenía todavía muchas cosas que aprender. En el seminario ya había combatido contra su deseo de alabanzas, pero poco después de su ordenación se presentó una ocasión que haría renacer los rescoldos de este deseo. Su director espiritual, el padre Pitocchi, lo invitó a pronunciar el sermón de la Inmaculada en una de las parroquias más prestigiosas de Roma. En ella se reunían la nobleza y la clase alta romana para participar en los oficios divinos. Don Angelo había pasado unas semanas en Sotto il Monte, donde su predicación había despertado un gran entusiasmo. Iba confiado. Más que pedir ayuda al Espíritu Santo y a los santos, como solía hacer antes de la predicación, se fio de su talento. Preparó por escrito una homilía que debía regalar los oídos de los asistentes y causar admiración. Quiso darle un tono poético y estaba repleta de ditirambos y alabanzas floridas a la Virgen. El éxito parecía asegurado. El batacazo fue monumental.

En vez del auditorio predispuesto y entusiasta de Sotto il Monte, don Angelo se encontró con unos fieles recelosos, que lo miraban con ademán crítico. El sermón se torció desde el principio. Don Angelo traspapeló sus notas: lo que debía ir hacia la mitad, fue al principio; el inicio quedó colocado al final. Nervioso, el sacerdote confundió el Antiguo con el Nuevo Testamento y se equivocó al citar el nombre de diversos santos. Todo ello quedó salpicado por un tono balbuceante y torpe. El fracaso había sido evidente.

El padre Pitocchi aguardaba en la sacristía. Don Angelo se esperaba un buen chaparrón. Su director espiritual le había sugerido horas antes diversos cambios en la homilía, pero el recién ordenado no había hecho caso. Entró. Lo miró. Sin esconderse, habló:

—¡Qué desastre!

—Tranquilo, Angelo. Has aprendido.

—Otra vez el amor propio.

—Mira, Angelo —se explicó Pitocchi en tono paternal—. Lo que debes hacer ahora es ofrecer el traspié a la Virgen como un sacrificio.

—Sí, padre, pero…

—No hay peros que valgan —cortó Pitocchi —. El peligro no reside en haber tropezado. Dentro de unos días nadie se acordará de este resbalón. El peligro sería seguir recordando la equivocación. No te des tanta importancia.

—Tiene razón —respondió mucho más reconfortado don Angelo—. ¡Qué lecciones nos va dando el Señor!

—Bien —concluyó Pitocchi —. Te pido que dentro de una semana repitas el mismo sermón, pero, esta vez, con muchos menos papeles.

Pocos días antes de su ordenación, Angelo se preguntaba qué iba a ser de su vida. ¿Dónde lo iban a destinar? ¿Qué iba a querer Dios de él? Había dejado todo en manos de Dios. Pronto sabría la respuesta. En 1905, a la edad de 24 años, lo nombraron secretario del obispo de Bérgamo, la ciudad más cercana a Sotto il Monte. Don Angelo no cabía en sí de alegría. Volvía cerca de su casa, regresaba a su querida ciudad de Bérgamo, retornaba a la proximidad de sus parientes, de sus campos y sus viñas. Empezaba el periplo vital de don Angelo. ¿Quién le iba a decir que en los siguientes decenios pasaría por Bulgaria, Grecia, Turquía, París, Venecia y, finalmente, Roma?

El regreso a Bérgamo tenía una explicación prosaica, casi irrisoria. Giacomo Radini-Tedeschi, recién nombrado obispo de la ciudad, necesitaba ayuda para responder la gran cantidad de cartas y telegramas que había recibido con motivo de su nombramiento. Se entrevistó con una decena de sacerdotes formados en Roma. Su pregunta era sencilla: «¿Alguno de ustedes sabe escribir a máquina?». Solo sabían dos, y uno de ellos era don Angelo. El obispo se los quedó y, una vez despachada la correspondencia más urgente, Tedeschi mantuvo a don Angelo como secretario particular. Había nacido entre ellos una corriente de sintonía y confianza que duraría hasta la muerte del obispo.

El nombramiento como secretario episcopal fue una gracia del cielo para Roncalli. Su nueva responsabilidad le permitía, además de estar cerca de los suyos, empezar a conocer el funcionamiento interno de la Iglesia.

Además, por fin dispuso de tiempo para realizar su ansiado proyecto de estudio histórico sobre san Carlos Borromeo. Fue feliz buscando y rebuscando en archivos. Empezó una monumental obra sobre las *Actas de la visita apostólica realizada a la diócesis de Bérgamo en 1575*, de san Carlos Borromeo, que le llevaría toda la vida y ocuparía más de cinco volúmenes. También fue nombrado profesor de historia de la Iglesia en el seminario de Bérgamo y tuvo la suerte de pasar diez años junto al obispo Tedeschi, al que don Angelo tomaría como modelo de prelado para toda su vida.

Fueron años, en cierto modo, tranquilos. Junto a su obispo, pudo viajar a Tierra Santa, Lourdes, Marsella, Toulouse, Nîmes, Suiza, Austria y Budapest. Pero no se vieron exentos de situaciones y periodos de tensión. La sociedad pasaba por una etapa de intensas protestas obreras. La Iglesia, conducida por el papa Pío X, atravesaba también el torbellino del periodo modernista.

Europa se veía sacudida por el crecimiento imparable del movimiento obrero, que reclamaba más derechos para los trabajadores. Hasta entonces había imperado un capitalismo sin control que había supuesto importantes avances en la técnica y en las condiciones de vida de los hombres (se habían desarrollado, por ejemplo, el telégrafo, la electricidad, los primeros coches, diversas medicinas, etc.). Pero estas mejoras de las que gozaban algunos se habían hecho a costa del sufrimiento de otros. Los obreros —adultos y niños, hombres y mujeres— trabajaban haciendo jornadas extenuantes, con salarios mínimos y en condiciones muy precarias. En algunos casos, se les trataba como a animales de carga más que como a personas. Era lógico, por tanto, que cundiera el malestar entre los trabajadores y que se organizaran en sindicatos para defender sus derechos.

En sus inicios, muchos sindicatos tuvieron una actitud anticristiana. Ya en el año 1891, ante la situación de injusticia social que percibía en la sociedad y el riesgo de que los marginados abrazaran corrientes de pensamiento contrarias a la fe, el papa León XIII decidió escribir una carta a todos los católicos. Fue su famosa encíclica *Rerum Novarum*, en la que el Romano Pontífice recordaba que era necesario armonizar el derecho a la propiedad privada con el bienestar de todos los hombres, conjugar la libre iniciativa empresarial con la formación de sindicatos. A finales del siglo XIX, el Papa criticaba el materialismo anticristiano del comunismo y proponía el nacimiento de sindicatos empapados de espíritu evangélico. Al mismo tiempo, condenaba también un capitalismo deshumanizado, en el que el hombre fuera simplemente un instrumento para el beneficio económico. Todos tenían derecho a una vida digna.

El llamamiento de León XIII tuvo poco seguimiento social y, a principios del siglo XX, la conflictividad social seguía siendo muy alta. Crecían exponencialmente los partidarios de una revolución comunista que asegurara la igualdad social por medio de la violencia. Los sindicatos cristianos no lograban obtener un apoyo mayoritario. Por otro lado, la Iglesia también atravesaba momentos difíciles. La barca de Jesucristo se veía entonces atenazada por una corriente de pensamiento teológico denominada modernismo. Algunos teólogos quisieron «modernizar» la doctrina de la Iglesia, conciliándola con algunos presupuestos filosóficos y teológicos que contradecían la doctrina católica.

Fue un tiempo complicado. Ciertos teólogos y sacerdotes se enrocaron en su criterio y sus opiniones frente a la postura del Papa y la Santa Sede. Por otro lado, cundió en el Vaticano un exceso de celo a la hora de perseguir el modernismo. Algunos veían modernistas por doquier, aunque en realidad solo fueran fantasmas de una imaginación excesivamente estrecha. Don Angelo vivió este periodo junto a su obispo y se mantuvo siempre fiel a la doctrina del Papa. Vio que alguno de sus antiguos compañeros de seminario, intelectualmente brillante, era expulsado de la Iglesia por mantener posturas consideradas contrarias a la fe. Roncalli se entristecía ante la falta de humildad de estos compañeros.

Sin embargo, también es cierto que algunos eclesiásticos se excedieron en su voluntad de mantener pura la fe, y la sombra de la sospecha llegó a alcanzar, incluso, a figuras fieles a la Iglesia, como el obispo de Bérgamo, Tedeschi, y su secretario, don Angelo. Llegaron a Roma acusaciones contra ellos, sugiriendo que eran excesivamente cercanos a los movimientos obreros y al comunismo. La estrechez de pensamiento de algunos les hizo olvidar la sintonía que Jesucristo había tenido con los pobres y que los Papas habían defendido la legitimidad de las protestas obreras cuando existían razones serias y justas.

La cuestión se enredó en 1909, con el estallido de una huelga en una fábrica textil de Bérgamo, la cual causó estragos. Un día, don Angelo se acercó a ver la situación de los huelguistas. Los encontró famélicos y desesperados. El sacerdote dio el dinero que llevaba encima a una mujer desnutrida, que tenía un hijo al que tampoco podía alimentar. Se encargó de que le hicieran llegar alimentos desde el obispado. Angelo Roncalli no era un comunista ni jugaba a ser sindicalista. Sabía bien que la doctrina de la Iglesia defendía el derecho a la propiedad privada y la libre iniciativa empresarial, como se encargaría de reiterar una vez que llegó al papado. Sin embargo, llegó a la conclusión de que aquella huelga estaba más que justificada y que la actitud de los propietarios de la empresa respecto a sus trabajadores era intolerable.

Se trató el asunto con el obispo y se decidió que el obispado participaría generosamente en una colecta para ayudar a los huelguistas. Esta iniciativa levantó ampollas; el obispo y su secretario fueron acusados de apoyar movimientos que ponían en peligro el orden social y la doctrina de la Iglesia, pero ni Tedeschi ni Roncalli se arredraron. Siguiendo el encargo del obispo, don Angelo escribió una columna en la prensa en la que defendía el derecho y el deber de la Iglesia de apoyar a los más necesitados en sus reclamaciones justas. Poco a poco, las aguas volvieron a su cauce.

Durante aquel periodo de aprendizaje, de problemáticas sociales y de consolidación de su vida sacerdotal, don Angelo vivió también un sorprendente ensanchamiento de su cuerpo. Por constitución genética, empezó a engordar a un ritmo notable. A nuestro protagonista la gordura le acomplejaba un poco y procuró adelgazar comiendo y durmiendo menos. Pero su barriga seguía aumentando. Su cuerpo era así. Si al principio le costó aceptar su realidad, con el paso de los años llegó a tomarse bastante a broma sus dimensiones. Logró esa indiferencia de los santos ante su propia imagen. No tenía, en efecto, ni la silueta ni los rasgos de un actor de cine. Pero poco importaba si su corazón tenía los rasgos de Dios. Él bromeaba sobre sí mismo, cada vez más tripudo, y con sus características orejas grandes.

De camino a París, ciudad a la que se dirigía como representante del Papa y donde sabía que debería asistir a muchas cenas de gala, comentaba:

—Basta con mirarme para darse cuenta de que no hay nadie tan poco hecho como yo para el apostolado de las cenas elegantes.

No obstante, supo ganarse el corazón de los franceses y de los diplomáticos parisinos. En otra ocasión, siendo ya Papa y caminando por Roma, oyó a una señora que comentaba:

—¡Dios mío, sí que es gordo!

—Pero, señora —dijo con socarronería el Papa—, ya sabe usted que el cónclave no es un concurso de belleza.

También siendo Papa, se encaraba en broma con Dios en la oración, diciendo:

—Si sabías desde hace tantos años que ibas a convertirme en Papa, ¿por qué no me hiciste un poco más fotogénico?

Esta era la confianza que tenía con Dios, y este era también el humor que llegó a adquirir sobre sí mismo. Se tomaba poco en serio, porque había luchado mucho por tomarse en serio a Dios. Todo lo demás —si era alto o bajo, grueso o delgado, obispo o cura de pueblo— le traía sin cuidado. Y no porque fuera despreocupado: ya hemos visto que en su juventud luchó una y otra vez contra la vanidad.

Un mes después de su elección como Papa, le confiaba a su secretario:

—Ha pasado un mes y todo ha sucedido con gran naturalidad. Llevo y siento en mi corazón los problemas del mundo entero. Pero mi alma está en paz. Si una comisión de cardenales me anunciara que, bien consideradas las cosas, sería mejor mi vuelta a Venecia, no me costaría nada retirarme.

No era una frase vacía. Pocas semanas antes, cuando se preparaba el cónclave, se le acercó un cardenal y, adulador, le dijo:

—Eminencia, ¡felicidades! ¡Felicidades por adelantado!

—¿Por qué? —preguntó Roncalli con displicencia.

—Se comenta que es probable que salga usted elegido Papa.

—Monseñor —repuso el cardenal Roncalli, cortante—, usted me conoce. Sabe que a mí, más allá del Nombre, el Reino y la Voluntad de Dios, no me interesa ninguna otra cosa.

—Claro —asintió algo chasqueado el cardenal.

—Así que rece por mí; eso será suficiente.

En cualquier caso, para eso quedaban todavía bastantes años. Antes, el joven don Angelo tendría que vivir peripecias de todo tipo. Y la primera fue el estallido de la Primera Guerra Mundial.

La Primera Guerra Mundial

El año 1914 fue decisivo para la vida de Angelo Roncalli. No podía imaginarse, a principios de año, las desagradables sorpresas que lo esperaban. Por aquel entonces, se levantaba cada día a las cinco y media de la madrugada, hacía meditación un rato, asistía en la misa del obispo y después celebraba la suya. A lo largo del día, realizaba diversos actos de piedad que constituían lo que él llamaba sus «tablas de salvación». Lógicamente, dedicaba un tiempo importante a rezar el breviario, el libro de oraciones que deben rezar los sacerdotes cada día. Pero esta vida más o menos ordenada saltó por los aires en 1914. Con pocos meses de diferencia dio comienzo la Primera Guerra Mundial y murió el obispo Tedeschi, el gran maestro y protector de don Angelo.

Las dos guerras mundiales del siglo xx pueden contarse, sin duda, entre los episodios más negros de la historia de la humanidad. Fueron verdaderas carnicerías humanas. El siglo del progreso, el siglo que muchos habían querido sin Dios, se convirtió en el siglo más letal y trágico de la historia. En las batallas de la Primera Guerra Mundial podían llegar a morir miles de hombres para avanzar apenas quinientos metros en el campo de batalla.

Fue un infierno o, mejor dicho, fue el infierno. Lo fue para muchos hombres que pasaron meses agazapados en las trincheras antes de que los alcanzase una bala enemiga. Lo fue para aquellos que murieron asfixiados por las armas químicas, de reciente estreno. Los barrizales, los campos y los bosques de Europa se poblaron de cadáveres. La ciencia y la técnica se convirtieron en los peores enemigos del ser humano, ya que produjeron cañones mucho más mortíferos, metralletas, armas químicas, etc. Ocho millones de personas murieron, seis millones quedaron inválidas. Todo ello, ante los ojos y las manos impotentes del joven don Angelo.

Años más tarde, le tocaría vivir la Segunda Guerra Mundial. Más terrible todavía. En tierra, mar y aire, perdieron la vida más de cincuenta millones de personas. Cada una, con su historia. Con su padre, con su madre, con sus hermanos y amigos. Quizá, con novia, con mujer, con hijos. Cincuenta millones multiplicados por los ojos que les lloraron. ¡Cuánto dolor! ¡Y qué perfección técnica! Porque los nazis, por ejemplo, no podían planificar mejor el exterminio sistemático de judíos. Magnífica logística. Terrible miseria humana. Drama infinito. Tantas cámaras de gas, donde morían hacinados los hebreos.

Las imágenes de aquellos años producen gran repulsión hacia quienes las provocaron y una compasión infinita hacia los que padecieron tal crueldad. Manifiestan hasta dónde pueden llegar la miseria y el orgullo del hombre. Don Angelo pudo ver y atender a cuerpos descuartizados y moribundos; pudo dar los últimos auxilios espirituales a personas que dejaban atrás mujer, prometida, ilusiones, proyectos. Todo, sesgado por una granada. Por eso, como nuncio, como obispo y como Papa, Angelo Roncalli luchó siempre por la paz. Algunos le llamaron el «Papa de la paz». Él dedicó una de sus encíclicas a la cuestión, la titulada *Pacem in Terris*.

Pero entre tanto odio y sinsentido, en medio de la oscuridad, en las guerras también aparecen destellos de luz. En la guerra, el hombre puede sacar lo peor de sí mismo. Pero también hay quienes son capaces de sacar de su interior pulsiones de heroísmo que hasta ese momento habían estado soterradas.

En una ocasión, volando de Estambul a Milán, Angelo Roncalli coincidió en el avión con un judío muy culto, Pierre Lewis, que le contó una historia impactante de la Primera Guerra Mundial. Roncalli, siempre amable y hablador, entabló conversación con él, que estaba sentado a su lado. Habían pasado ya unos años desde el fin de la Primera Guerra Mundial, pero la conversación se detuvo en aquella terrible experiencia.

—¿Vivió usted la guerra? —preguntó Roncalli a Pierre Lewis.

—Yo no, monseñor. Sin embargo, mi tío la vivió y la sufrió en sus carnes. Usted es sacerdote católico. Creo que le interesará su experiencia. ¿Quiere que se la cuente?

—Claro que sí. Tengo debilidad por la historia. ¿Fue oficial del ejército, su tío?

—No. Él siempre despreció la guerra. Era un hombre de paz. Era rabino.

—Era judío, como Jesucristo. Entonces, no vivió la guerra en el frente.

—Al contrario. Se enroló en el ejército para atender a los judíos que combatían en sus filas. Pasó muchos meses en el frente de batalla, socorriendo a heridos y moribundos, levantando el ánimo de los abatidos y consolando a los sufrientes.

—Procuré hacer lo mismo —apostilló, como en un susurro, Roncalli—. Es, sin duda, una experiencia imborrable, que deja huella para toda la vida. Es imposible olvidar la mirada de la muerte.

—Mi tío ya no vive. Murió en los barrizales del río Somme. Una bala zanjó su vida, sus ilusiones y su buena voluntad.

—Que Dios haya premiado su generosidad.

—Pienso —continuó Lewis— que con su muerte venció todos los odios. Mi tío estaba en una trinchera del frente, atendiendo a los soldados judíos. Cerca de él se hallaba un sacerdote católico. Había empezado el combate. Silbaban las balas y caían los proyectiles. El capellán católico confesaba a un soldado moribundo. De repente, un trallazo lo alcanzó directamente y cayó fulminado al suelo. Mi tío contempló la escena y decidió sustituir al sacerdote fallecido. Lógicamente, no podía confesar, pero cogió el crucifijo que llevaba en las manos el sacerdote y lo puso en los labios del soldado agonizante, para que pudiera besarlo.

Roncalli escuchaba el relato con suma atención. Era un hombre sensible y la bondad humana lo conmovía siempre. Ahora reconocía, en la historia de aquel rabino judío, la figura del buen samaritano explicada por Jesús. Mientras atendía a la narración, Roncalli se lamentaba interiormente de que fuera tan frecuente que gente sencilla de su pueblo y gente formada que vivía con él, tuviera recelo hacia los judíos. En su corazón, en cambio, no había fronteras. Sonaban los motores y las hélices del avión, y traían al recuerdo de don Angelo el sonido de las metralletas. Su interlocutor, Pierre Lewis, continuó su relato:

—Así que mi tío se inclinó sobre el moribundo. Yacía a su lado el sacerdote católico. Entonces, se repitió la escena que había sucedido pocos segundos antes. Una bala alcanzó directamente a mi tío, que cayó muerto sobre el sacerdote católico. Sus cadáveres quedaron entrelazados.

—Querido amigo —concluyó Roncalli—, quedaron entrelazados los cuerpos de un ministro sagrado judío y otro católico, como entrelazados están el Nuevo y el Antiguo Testamento. Gracias. Que Dios bendiga a su familia.

El relato impresionó a Roncalli, que años más tarde contribuyó decisivamente en la salvación de miles de judíos de los nazis durante la Segunda Guerra Mundial. Pero don Angelo no solo sabía de la guerra de oídas, por relatos contados. Él también vio con sus propios ojos el rostro de la barbarie. Era el año 1915. Europa se encontraba sumida en los combates de la Primera Guerra Mundial. A don Angelo se le acababa de morir su obispo. ¿Cuál iba a ser su próximo destino? Los hombres decidieron por él. Le tocó, como a todos, ir al frente. Le asignaron el oficio de camillero.

Don Angelo estaba aterrorizado por lo que veía. Por la noche lloraba como un niño, en su cuarto, tras presenciar la muerte de tanta gente. No iba vestido de sacerdote, sino con uniforme de camillero, pero a todos los heridos les decía quién era, para que pudieran abrirle el corazón y pedir perdón a Dios a través de la confesión. En 1916 fue nombrado capellán y pudo ejercer como sacerdote. Se pasaba las noches en las trincheras, escuchando las confesiones de los soldados que, al día siguiente, iban a jugarse la vida en el campo de batalla. También celebraba misas en altares improvisados.

La experiencia en el frente convenció a don Angelo de que no hay peor mal en el mundo que la guerra. En ella se pierden los estribos y se desencadenan la violencia y el odio. La sangre parece retrotraer al hombre a sus estados más primitivos, y es capaz de protagonizar todas las barbaridades. Durante toda la Primera Guerra Mundial, el papa Benedicto XV pidió a las potencias en liza que frenaran esa gran masacre y que firmaran la paz. Una paz, decía, que debía ser justa. Pero la paz no se firmó por acuerdo, sino por imposición de los vencedores a los vencidos. En París, Alemania firmó su capitulación. Fue una rendición humillante, con unas condiciones draconianas. De este modo, quedó sembrada la semilla de la revancha y el germen de la Segunda Guerra Mundial.

Paz y obediencia

Acabó la guerra, finalmente. Era el año 1919. Europa quedó descoyuntada, si bien los años veinte fueron, en diversos países, un periodo de crecimiento económico. Era necesario reconstruir el continente, y la maquinaria industrial y campesina se puso en marcha. Poco a poco, el viejo continente dejó atrás la guerra. Empezaron «los felices años veinte», pues así se denominó a la década en algunos países. Se difundieron nuevas costumbres y modas en el vestir y el bailar. Se popularizó la música moderna, como el jazz. La gente quiso olvidar las penurias de la contienda. En muchos lugares creció la afición por el fútbol y otros deportes.

Pero, al mismo tiempo que la gente bailaba en los casinos, se iban difundiendo las doctrinas totalitarias. La revolución comunista se había impuesto en Rusia. La democracia —argumentaban algunos— era un sistema trasnochado. Había llegado la hora de los Estados fuertes y autoritarios, que levantaran una nueva comunidad unida y renacida. El fascismo, que propugnaba una resurrección nacional pilotada por un estado dictatorial, fue ganando peso.

Y llegó la crisis económica de 1929. Los «felices años veinte» se esfumaron y, poco a poco, la democracia se fue debilitando en Europa. No había trabajo. Se pasaba hambre. Muchos empezaron a percibir la democracia como algo rancio y anticuado. Era necesario construir un nuevo sistema político para poder engendrar a un hombre nuevo, liberado de los vicios del siglo XIX. Comunismo o fascismo. Fascismo o comunismo. Era la moda. En Italia, el fascista Benito Mussolini alcanzó el poder. Don Angelo nunca mostró simpatía por él, pues se inclinaba más bien por la democracia cristiana italiana. Pero la política no era, ni de lejos, el centro de la vida del sacerdote; a él le preocupaba Dios:

Dios es mi gran dueño, que con inaudita bondad me ha sacado de la nada para que lo alabe, lo ame, le sirva y procure su honor —escribía en su diario—. *Por lo cual, todas mis acciones, todos mis pensamientos, todas mis respiraciones deben tender solo a esto: para mayor gloria de Dios.*

Pero, ¿cómo se concretaban estos propósitos ahora? De algún modo, tras la guerra, don Angelo había quedado descolocado. El obispo para el que había trabajado como secretario había muerto. ¿Dónde lo iban a destinar? Pronto lo supo. Le encargaron la dirección de la Casa del Estudiante de Sotto il Monte. El cargo ilusionó a don Angelo, que rondaba ya los 40 años. Podía volver a estar cerca de los suyos, junto a sus padres y familiares, en su pueblo querido. Podía, también, formar a la juventud más estudiosa. Eran los jóvenes laboriosos los que marcarían el camino de Italia en el futuro.

El encargo, sin embargo, tuvo poco recorrido. Veinte años atrás, el seminarista Angelo había ido a completar sus estudios a Roma y había regresado después a su región de Bérgamo como secretario del obispo. Ahora, dos decenios más tarde, maduro por su experiencia humana y sacerdotal, don Angelo debía volver a Roma: le encomendaban la dirección de la delegación italiana de las Obras Misionales Pontificias. Pero, de nuevo, Roncalli duró poco en el cargo. Su vida parecía andar sin rumbo fijo. Arriba y abajo. Pocos meses después de instalarse en la capital de Italia para dirigir las Obras Misionales, el secretario de Estado, es decir, la mano derecha del Papa, lo convocó en el Vaticano.

¿Qué querría el secretario? No era la primera vez que don Angelo iba al Vaticano, pero sí era la primera ocasión en que iba solo. Solo ante el ceremonial que regía entonces los aposentos del Papa. Solo ante la incertidumbre. ¿Por qué lo convocaban para una reunión con el principal ayudante del Papa? Pronto lo supo. El cardenal Gasparri, tras los saludos de cortesía, informó al intimidado sacerdote de por qué lo había llamado:

—Don Angelo, la Iglesia lo necesita en una misión delicada.

—Excelencia —dijo Roncalli—, siempre he estado al servicio de la Iglesia.

—Así es, don Angelo —confirmó el cardenal—. Por eso, la Santa Sede quiere pedirle ahora que vaya a Bulgaria como visitador apostólico del Papa.

Don Angelo se quedó estupefacto. Podía esperar otros nombramientos: un trabajo en la curia,[1] el nombramiento

---

1. Curia: conjunto de las congregaciones y tribunales que existen en la corte del Pontífice Romano para el gobierno de la Iglesia católica.

como obispo... Todo eso, aunque no lo buscara, estaba dentro de lo posible. Pero Bulgaria...

—Excelencia —balbuceó don Angelo Roncalli—. No sé si le he entendido bien. ¿Me pide que represente al Papa en Bulgaria?

—Eso es, don Angelo —respondió tranquilizador el cardenal Gasparri—. Se trata de una misión breve. La Iglesia vive una situación problemática en el país y el Santo Padre desea enviar a un visitador para que encauce con su autoridad la confusión reinante.

—Pero, excelencia —murmuró don Angelo en un estado de gran confusión interior—, no creo ser la persona adecuada. No tengo experiencia diplomática. No conozco en absoluto el país. No puedo articular ninguna palabra en su idioma.

—No se preocupe, don Angelo. Volverá pronto a Roma y le asignaremos un cargo diplomático de mayor rango y estabilidad.

—Pero, excelencia —insistió el sacerdote—. El problema no es ese. A mí me gustaría ser un simple cura de pueblo. Permítame preguntarle: ¿se trata de una propuesta o es una decisión firme y un motivo de obediencia al Papa?

—Don Angelo —concluyó el secretario de Estado—. El santo padre Pío XI lo ha elegido a usted expresamente. En los próximos días lo recibirá para explicarle los detalles de su cometido. Se trata de una cuestión de obediencia.

Aquella noche, Angelo lloró. Angelino, aquel niño de campo sencillo y despierto, aquel chico que había crecido entre viñas y gallinas, tenía que dejar su tierra y emprender un viaje hacia Oriente. Se había hecho sacerdote para recorrer una aventura con Dios. Efectivamente, el Padre del Cielo acababa de embarcarlo en una aventura mayúscula. Bulgaria, un país del Este con un alfabeto distinto al latino. Un país de abrumadora mayoría ortodoxa. Un país en el que solo vivían 60 000 católicos. ¿Qué haría él en Bulgaria? Durante esa noche, don Angelo Roncalli repasó sus cuadernos. Allí encontró lo que debía hacer en Bulgaria, lo que, muchos años atrás, se había comprometido a hacer donde fuera:

Cada cosa que haga, la haré como si estuviera en el mundo únicamente para cumplir esa misión.

Ahora tenía una misión clara. Pío XI lo convocó el 21 de febrero de 1925. Emocionado y algo atribulado, don Angelo entró al despacho papal. Saldría como obispo.

—Santidad, estoy confuso ante mi nombramiento como visitador apostólico en Bulgaria. El encargo me supera.

—He oído hablar bien de usted, don Angelo. Podrá hacerlo y lo hará muy bien. Los cargos y encargos de Dios nos superan a todos; pero está Él, que nos guía.

—Bien, Santidad —asintió don Angelo—. ¿Y qué espera la Iglesia de mi visita apostólica?

—La situación en el país es convulsa —explicó el Papa—. Los comunistas son fuertes. La monarquía podría caer. El país está dividido. Los musulmanes están peleados con los ortodoxos; los ortodoxos, enfrentados con los católicos. Pero lo más triste de todo es que los propios católicos se encuentran divididos entre sí. La comunidad de rito bizantino siente recelos hacia la comunidad de rito latino, y entre los latinos existen también disputas constantes.

Roncalli debía ir a un país de mayoría ortodoxa.[2] En Bulgaria, católicos y ortodoxos comparten gran parte de la fe; solo discrepan en algunos aspectos. El más importante es el papel del Papa en la vida de la Iglesia. Durante muchos siglos ha existido una gran hostilidad entre ortodoxos y católicos, que han vivido en mundos aparte. Precisamente Roncalli, como obispo y como Papa, se propuso recomponer los puentes entre las Iglesias ortodoxas y la Iglesia católica. En primer lugar, trató de superar los prejuicios enquistados durante tantos siglos.

Pero debemos precisar todavía un poco más. Cuando se produjo la ruptura entre las comunidades cristianas orientales y la Iglesia católica, algunos pequeños grupos en estos países permanecieron fieles al papado y al catolicismo. En efecto, en los países de mayoría ortodoxa siempre ha habido fieles católicos. Unos han adoptado el rito y las costumbres latinas, es decir, celebran la misa como se celebra en España, Francia, Estados Unidos o Australia. Otros, llamados greco-católicos, han mantenido su antiguo rito bizantino en griego. En su liturgia y sus costumbres se parecen mucho a los ortodoxos. Pero son católicos, porque aceptan plenamente el primado del Obispo de Roma y toda la doctrina católica.

La situación de la Iglesia en Bulgaria no era, pues, sencilla. Roncalli conocía las diferencias doctrinales entre

---

2. La Iglesia se dividió en dos sobre el año 1000. Por diversos motivos, buena parte de las comunidades eclesiales de Oriente —que se encuadraban entonces en el Imperio bizantino— rompieron su dependencia del Obispo de Roma, el Papa. Nacieron así las iglesias ortodoxas, cuya lengua oficial es el griego.

ortodoxos y católicos. Era consciente de que entre los propios católicos había modos diferentes de expresar y vivir la fe. Pero conocer eso era muy distinto a ser el responsable de recomponer la Iglesia en un país cuyo idioma no hablaba y cuyo territorio desconocía. En cualquier caso, el Papa no lo había convocado para mantener una charla sobre historia de la Iglesia o disputas teológicas. Lo había llamado para encomendarle una misión. Y para realizarla, le iba a conferir una nueva dignidad.

—Don Angelo Roncalli —continuó el Santo Padre—, he decidido nombrarle arzobispo.

—Pero, Santidad, yo no deseo distinciones ni honores especiales.

—No es un honor, Roncalli. No le nombro arzobispo para que luzca un nuevo traje. Recuerde que el arzobispo debe ser el siervo fiel y prudente por excelencia.

—Santidad —indicó Roncalli—, he estado y estaré siempre a disposición de la Santa Sede y de la Iglesia, para eso me hice sacerdote.

—Lo consagraré como arzobispo el día de san José —concluyó Pío XI—. Piense, Roncalli, que el nombramiento es necesario. Recuerdo cuando, unos años atrás, realicé una misión similar a la suya en Polonia. El Papa no me había conferido el grado de obispo y me resultó muy difícil que los dirigentes de la Iglesia me escucharan con atención y obediencia. Les hablaba un simple monseñor. Y ellos eran obispos y cardenales.

Don Angelo abandonó el despacho pontificio. Se encontraba embargado por un sentimiento extraño, en el que se confundían la emoción y el miedo. Rezó. Todos los obispos tienen un pequeño lema, una frase breve que figura bajo su escudo. ¿Cuál iba a elegir él? Optó por un lema episcopal corto. Breve, pero profundo. Breve, pero radicalmente adecuado a su actitud vital: *pax et obedientia* (paz y obediencia). Ese fue el lema que escogió. En realidad, el arzobispo Roncalli sintetizaba su periplo vital y sellaba sus disposiciones para el futuro. Él nunca había buscado ni buscaría nada; se dejaba llevar por el Espíritu Santo. Ese había sido su secreto. Al final de su misión en Bulgaria, le recomendaría a un amigo, al que escribía por carta, «cerrar los ojos y las manos, desprenderte del yugo de tu yo y lanzarte al mar tranquilo y seguro de la santa voluntad de Dios». Y en su diario anotaba:

La fe cristiana es esto: serenidad y paz interior al mismo tiempo que uno se ofrece completamente a Dios.

Fue el obispo y el Papa de la paz. De la paz exterior. Había visto suficiente dolor en la guerra. Y de la paz interior. Fue un hombre sereno, sencillo, confiado. En buena medida, alcanzó la paz por medio de la obediencia. Docilidad a Dios y a sus mociones. Docilidad a sus directores y superiores espirituales. Aquí y allá. En momentos de calma eclesial y en momentos de borrasca y tempestad. Paz y obediencia. El Papa lo enviaba a Bulgaria como visitador apostólico para reorganizar el catolicismo desintegrado del país. El arzobispo Roncalli tomó el tren y se puso en camino para emprender su nueva misión. ¿Cuánto tiempo iba a estar allí? ¿Qué se iba a encontrar? En principio, se marchaba para un periodo breve, pero...

Juan XXIII

Los paisajes de la infancia

El campo de la región italiana de la Lombardía fue el paisaje que rodeó a Angelo Roncalli en su infancia. Angelo, el cuarto de trece hermanos, creció en el seno de una familia campesina del norte de Italia. Como era habitual en la época, vivían en un caserón que compartían con tíos y primos. La familia se mantenía gracias al cultivo de unos terrenos que alquilaba a una familia nobiliaria.

Vista del centro histórico de Bérgamo, la ciudad más cercana a Sotto il Monte, en la Lombardía.

A finales del siglo XIX, los adelantos tecnológicos apenas habían llegado al campo. La gente se desplazaba a pie, en borricos o en coches de caballos. Ni los tractores ni ninguna otra maquinaria facilitaban las tareas agrícolas. El lento paso de los animales de tiro (bueyes o mulas) marcaba el ritmo de la dura vida campesina. Cultivar el campo era una tarea fatigosa para los adultos, a la cual se incorporaban muy pronto los más pequeños de las familias.

En ese mundo anterior a la industrialización, las casas carecían de comodidades que hoy nos parecen básicas, como agua corriente y luz eléctrica. El agua se obtenía de pozos o aljibes, y los candiles proporcionaban la escasa luz artificial que se utilizaba tras la puesta del sol. Oír el murmullo de los arroyos y el canto de los pájaros era una de las compensaciones de las familias campesinas de Sotto il Monte, tan dependientes de la naturaleza.

A finales del siglo XIX y principios del siglo XX, el trabajo en el campo se realizaba exclusivamente mediante la tracción animal.

Angelo asistió a la escuela de Sotto il Monte hasta que, a los 12 años, ingresó en el seminario menor de Bérgamo, una bella ciudad de origen romano con un conocido barrio medieval amurallado que se situaba en una colina.

A finales del siglo XIX, Bérgamo contaba con cerca de 50 000 habitantes.

En el centro de la imagen, Angelo Roncalli junto a unos compañeros del seminario en 1901, durante su época de estudiante de teología.

Un mundo en ebullición

Angelo Roncalli se ordenó sacerdote en agosto de 1904. Los primeros años de su sacerdocio coincidieron con un periodo histórico muy agitado, pues el avance industrial estaba en su fase de máximo desarrollo. El capitalismo favoreció un gran progreso tecnológico, se multiplicaron las fábricas y la población pudo acceder a productos nuevos a precios bajos. En pocos decenios, la humanidad había logrado un avance tecnológico mayor que en decenas de siglos anteriores.

No obstante, el impulso tecnológico e industrial se llevó a cabo sin unas regulaciones legales claras y, en ocasiones, se ignoró la dignidad humana de los trabajadores. Surgieron así movimientos obreros como el marxismo y el anarquismo, que propugnaban la lucha entre las clases sociales. El joven Roncalli presenció agrios conflictos entre empresarios y trabajadores. Sin abrazar ningún movimiento social ni político, siguiendo las directrices marcadas por el papa León XIII y apoyando al obispo de Bérgamo, el sacerdote defendió la justicia, aunque para eso tuvo que enfrentarse a los más poderosos.

La obra *El cuarto estado* (1901), del pintor italiano Giuseppe Pellizza da Volpedo, representa al proletariado, el nuevo estamento que apareció tras la industalización. En buena medida, esta clase social se originó cuando muchos campesinos decidieron abandonar las duras condiciones de la vida del campo y buscar trabajo en las grandes ciudades.

Los primeros años del siglo xx también fueron convulsos en Italia desde los puntos de vista político y teológico. En política, se mantuvo el conflicto histórico entre el Vaticano y el Estado italiano, constituido a mediados del siglo xix. Además, el sistema democrático liberal parlamentario se vio cuestionado por modelos alternativos de corte más colectivista y totalitario.

A nivel teológico, la Iglesia vivió la tormenta del modernismo, una corriente de pensamiento que, procurando adaptar la doctrina de la Iglesia a las categorías del mundo moderno, llegó a poner en serio peligro la verdad de la fe. Roncalli se mantuvo siempre fiel al magisterio del Papa.

Angelo Roncalli en 1913, como secretario del obispo de Bérgamo Radini Tedeschi.

Mussolini y el fascismo

El fascismo fue uno de los movimientos totalitarios de principios del siglo xx. Se oponía a la democracia parlamentaria y reivindicaba la unidad de la patria y la cohesión de la comunidad nacional. Para ello, postulaba la necesidad de un Estado autoritario guiado por un líder carismático. Italia fue el primer país donde triunfó el fascismo; Benito Mussolini, fundador del Partido Nacional Fascista italiano, se hizo con el control del Estado en 1922.

La Primera Guerra Mundial

El mismo verano en que don Angelo celebraba los diez años de su ordenación sacerdo-tal, estalló la Primera Guerra Mundial. Este conflicto, en el que se vieron involucrados más de cuarenta países, se saldó con diez millones de muertos y veinte millones de heridos. Hasta entonces, ninguna guerra había sido tan devastadora.

Desde 1870 reinaba la paz en Europa. Sin embargo, los Estados europeos, envalento-nados por un sentimiento nacionalista cada vez más fuerte y empujados por el afán de dominio y riqueza, competían por la colonización de nuevos territorios en África y Asia, pugnaban por obtener mercados en todo el mundo y aumentaban imparable-mente su potencial militar. Para garantizar su seguridad, los países de Europa fueron tejiendo alianzas que cristalizaron en dos grandes bloques. En uno se situaron Francia, Inglaterra y el Imperio ruso. En el otro, el Imperio alemán, el Imperio austrohúngaro y el Imperio otomano. Un conflicto entre dos países podía provocar la guerra entre todas las naciones aliadas de un bloque y otro.

El equilibrio se rompió el 28 de junio de 1914. El príncipe heredero del Imperio austro-húngaro fue asesinado en Sarajevo (Bosnia) por un terrorista serbio. Austria declaró la guerra a Serbia. Y Rusia, aliada de Serbia, declaró la guerra a Austria. De este modo, se puso en marcha el terrible mecanismo de las alianzas. Los países europeos se fueron declarando la guerra unos a otros de acuerdo con los tratados de alianza y defensa que habían firmado.

Columna de soldados de infantería italianos dirigiéndose hacia el frente italoaustriaco (1916). Muchos pensaron que en pocos meses la guerra habría acabado, pero el conflicto pronto se estancó y los ejércitos trazaron trincheras a lo largo de Europa.

Las cifras de la Gran Guerra

Principales países involucrados	Soldados muertos	Soldados heridos	Civiles muertos
Francia	1 400 000	4 200 000	300 000
Inglaterra	890 000	1 600 000	110 000
Imperio ruso	2 000 000	4 500 000	1 500 000
Estados Unidos	115 000	200 000	750
Italia	650 000	950 000	590 000
Imperio alemán	2 000 000	4 200 000	425 000
Imperio austrohúngaro	1100 000	3 600 000	460 000
Imperio otomano	770 000	400 000	2 150 000

Finalmente, la intervención de Estados Unidos en favor de Inglaterra y Francia determinó la guerra. A finales de 1918, Alemania firmó su rendición. La Primera Guerra Mundial supuso el fin de los Imperios alemán, austriaco y turco. Los países victoriosos trocearon los territorios de los países derrotados y se repartieron sus colonias.

El papel de Italia durante la Primera Guerra Mundial fue algo extraño. La República italiana era aliada de Alemania y Austria, pero, al iniciarse la guerra, se mantuvo neutral. En 1915 se sumó a la Triple Entente de Francia, Inglaterra y Rusia, y declaró la guerra a Austria.

Retrato de Angelo Roncalli con uniforme militar. Don Angelo fue llamado al frente como enfermero. Las escenas que vio le produjeron un gran impacto; probablemente, esta terrible experiencia reafirmó su compromiso con la paz.

Las misiones apostólicas

Bulgaria

En 1925, el papa Pío XI nombró al joven Roncalli visitador apostólico en Bulgaria. Para facilitar su misión y asegurar su autoridad, lo consagró como arzobispo. Pasó nueve años en Bulgaria, país en el que convivían ortodoxos, católicos y musulmanes, aunque con notables tensiones. Los católicos también estaban divididos en diversos ritos y tradiciones. Roncalli recorrió todo el país y llegó hasta los lugares más recónditos de las montañas, donde vivían los fieles más pobres.

En Bulgaria, el futuro Papa conoció los profundos lazos que unían a cristianos católicos y cristianos ortodoxos.

Angelo Roncalli en una visita al monasterio de Rila en 1925.

Turquía

En 1934, el Papa nombr[...]
co en Turquía y Grecia. L[...]
a 25 000, pero estaban [...]
nidades: la latina, la arm[...]
La Segunda Guerra Mun[...]
encontraba en Estambul [...]
ñó a fondo para combat[...]
compromiso con los pers[...]
patente en sus gestione[...]
que eran acosados por [...]
aliados. Contribuyó a fac[...]
a judíos búlgaros y húng[...]
autoridades turcas para [...]
breos que huían de los n[...]

Años más tarde, el gran [...]
a Roncalli con el fin de [...]
salvar a 55 000 judíos ru[...]

Inmigrantes judíos a su llegada en l[...]
nazismo.

ncalli delegado apostóli-
ólicos turcos no llegaban
gados en cuatro comu-
la bizantina y la caldea.
talló cuando Roncalli se
nte cinco años, se empe-
orrores de la guerra. Su
os quedó especialmente
salvar a miles de judíos
mania nazi y sus países
ertificados de bautismo
asimismo, presionó a las
ejaran vía libre a los he-

no de Jerusalén escribió
ecerle sus gestiones para

Palestina en 1936, huyendo del

París

La última gran misión diplomática de Roncalli tuvo lugar en París. El papa Pío XII lo nombró nuncio en 1944.
La ciudad acababa de verse liberada de los nazis y volvía a ser un gran centro político, cultural, económico
y diplomático del mundo. Angelo Roncalli compartió
mesa con hombres muy poderosos; sin embargo, nunca
perdió su sencillez, su caridad, su sentido del humor ni
su afán apostólico.

Vivió en París hasta 1953, año en que fue nombrado
patriarca de Venecia.

Monseñor Angelo Roncalli en 1946, durante su etapa como nuncio
apostólico en París.

Un Papa cercano

El 9 de octubre de 1958 murió el papa Pío XII. Junto a otros cincuenta cardenales, el cardenal Roncalli acudió al cónclave para elegir a su sucesor. El 28 de octubre, los cardenales escogieron a Angelo Roncalli como nuevo Romano Pontífice. Tenía 77 años. Eligió para el papado el nombre de su padre, Juan, y se convirtió en el papa Juan XXIII.

Muy pronto, el nuevo Papa cautivó al mundo por su estilo cercano y amable con todos. Bromeaba con los paletas, charlaba con los jardineros, se acercaba a saludar a los fieles, visitaba hospitales, conversaba llanamente con los embajadores... Juan XXIII no quería ser un pastor lejano ni dirigir a los católicos desde la distancia.

▲

El papa Pío XII, antecesor de Juan XXIII, sentado en el trono papal.

▶

El papa Juan XXIII paseando por los Jardines Vaticanos junto a su secretario Loris Capovilla.

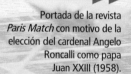

▶▶

Portada de la revista *Paris Match* con motivo de la elección del cardenal Angelo Roncalli como papa Juan XXIII (1958).

> **Por su talante afable y su caridad con todos, se empezó a conocer a Juan XXIII como «el Papa bueno».**

Los internos de la prisión Regina Coeli de Roma saludan a Juan XXIII durante su visita el 26 de diciembre de 1958. El Papa pasó más de una hora conversando con los reclusos.

La niña Katherine Hudson, enferma de leucemia, llegó a Roma desde Estados Unidos para ver al papa Juan XXIII, que la recibió y conversó con ella durante una larga audiencia.

Un mes después de su elección, el día de Navidad de 1958, visitó dos hospitales, deteniéndose especialmente con los niños enfermos. Al día siguiente, cruzó los muros de una prisión y pasó un buen rato con los presos, infundiéndoles esperanza.

Durante su papado, Angelo Roncalli siguió aplicando aquello que había defendido siempre: la diplomacia del corazón. En su diario personal, Juan XXIII comentaba su elección:

> *Ahora más que nunca me reconozco indigno y humilde siervo de Dios y siervo de los siervos de Dios. Todo el mundo es mi familia. [...] El secreto debe de estar ahí: en el no buscar lo más alto y en el contentarme con ser manso y humilde de corazón.*

El Concilio Vaticano II

El papa Juan XXIII fue el impulsor del acontecimiento más importante de la Iglesia en el siglo xx: el Concilio Vaticano II.

El papa Juan XXIII en la portada del periódico *L'Osservatore Romano* del 11 de octubre de 1962, día de la inauguración del Concilio Ecuménico Vaticano II.

¿Qué es un concilio?

Un concilio es un encuentro solemne de todos los obispos del mundo en comunión con el Papa con el fin de fijar verdades de fe o marcar directrices de acción para la Iglesia.

Los primeros siglos del cristianismo presenciaron muchos concilios de gran trascendencia.

En el siglo xvi, ante el envite protestante, el mundo católico se reunió en el Concilio de Trento, que definió algunos principios fundamentales de la fe y promovió una gran renovación en la Iglesia. La vida eclesial estuvo profundamente marcada durante cuatro siglos por las pautas señaladas en Trento.

A mediados del siglo xx, muchas personalidades católicas se dieron cuenta de que la Iglesia necesitaba una renovación para adaptarse a la situación vital y a las necesidades misioneras contemporáneas. Como explicaba Juan XXIII, no se trataba de modificar la fe, sino de profundizar en ella, de expresarla y vivirla de acuerdo con los lenguajes y las experiencias del propio periodo histórico. El objetivo del Concilio Vaticano II fue revitalizar y renovar la Iglesia para que pudiera realizar adecuadamente su misión, en sintonía con los tiempos en que vivía.

En enero de 1959, el Papa anunció su intención de convocar el encuentro. Su preparación duró tres años. El 2 de febrero de 1962, Juan XXIII inauguró el Concilio Vaticano II en la basílica de San Pedro, vestida de gala y ocupada por más de 2 000 obispos procedentes de todos los lugares del mundo.

Por primera vez en la historia, se retransmitió por radio y televisión un concilio. En él participaron los superiores de congregaciones religiosas y muchos teólogos de prestigio. Entre ellos se encontraban Giovanni Montini, Karol Wojtyla y Joseph Ratzinger, que más tarde serían los papas Pablo VI, Juan Pablo II y Benedicto XVI. Además, asistieron como observadores representantes cristianos no católicos (luteranos, ortodoxos, etc.). La presencia de personas tan diversas de los cinco continentes llenó a Roma de colorido y demostró la universalidad de la Iglesia.

Sesión del Concilio Vaticano II en la basílica de San Pedro del Vaticano.

Una Iglesia renovada

El Concilio Vaticano II duró tres años muy intensos. Unos meses después de su inauguración, murió el papa Juan XXIII. Poco tiempo más tarde, las sesiones se retomaron bajo el papado de Pablo VI, quien clausuró el concilio el día de la Inmaculada de 1965. Los meses de encuentro y diálogo fueron fructíferos. De este encuentro emanaron dieciséis documentos: cuatro constituciones, nueve decretos y tres declaraciones, los cuales han tenido una gran trascendencia en la vida de la Iglesia.

El papa Pablo VI otorga el Premio de la Paz Juan XXIII en su primera edición a la Madre Teresa de Calcuta por su trabajo con los pobres.

Documentos y conclusiones del Concilio Vaticano II

Lumen gentium	Sobre la naturaleza de la Iglesia.	La Iglesia es el pueblo de Dios. A pesar de que hay diversas funciones y misiones dentro de ella, todos los católicos tienen la misma dignidad y están llamados a alcanzar la santidad.
Dei verbum	Sobre la Revelación divina y la relación entre Escritura, tradición y magisterio.	Existe una profunda unidad entre Escritura, tradición y magisterio de la Iglesia. Los católicos deben conocer bien la Palabra de Dios. Para comprender qué dicen los textos, es importante aplicar técnicas de investigación históricas y lingüísticas.
Dignitatis humanae	Sobre la dignidad humana y la libertad religiosa.	Todas las personas tienen el derecho y el deber de buscar en conciencia la verdad de Dios y, por tanto, nadie puede coaccionar la conciencia ni coartar la libertad religiosa de otros.
Reforma litúrgica	Renovación en la forma de administrar los sacramentos.	La misa deja de oficiarse en latín y el sacerdote empieza a celebrar la Eucaristía de cara al pueblo. El objetivo es que los fieles puedan participar y beneficiarse mejor de las riquezas espirituales de la liturgia.

Uno de los grandes temas del Concilio II fue el **ecumenismo**. A lo largo de la historia, la Iglesia católica ha vivido escisiones y rupturas. Así, se han formado las comunidades copta, ortodoxa, luterana, calvinista, anglicana, etc. Sus miembros son cristianos, porque aceptan la salvación de Jesucristo, pero no católicos, pues no comparten totalmente la doctrina católica. Frente a la tensión dominante durante muchos siglos, este concilio recordó que los cristianos no católicos son «hermanos en la fe» y abogó por una dinámica de diálogo para lograr la plena comunión en la Iglesia católica.

Ecumenismo: deseo de lograr la unidad de los cristianos en la Iglesia de Cristo mediante una dinámica de diálogo y cooperación entre las diversas confesiones cristianas.

El papa Francisco recibe al patriarca de la Iglesia ortodoxa copta de Egipto, Tawadros II, el 13 de mayo de 2013.

Santo

El papa Juan XXIII conquistó al mundo con su naturalidad, su sencillez y su profunda humanidad. Fue, indudablemente, un hombre bueno. Sin embargo, la lectura de sus diarios nos demuestra que su bondad no fue la simple manifestación de un carácter amable. Fue fruto de mucha oración y de un incansable esfuerzo por dominar el egoísmo. Este combate por crecer en el amor y en la virtud concluyó el 3 de junio de 1963, día en que murió a causa de un cáncer de estómago.

Multitud congregada en la plaza de San Pedro del Vaticano durante el funeral del papa Juan XXIII (1963). Angelo Roncalli procuró querer a todos y, a su muerte, todos manifestaron la admiración y el cariño que sentían por él.

Dos años después de su muerte, el papa Pablo VI abrió el proceso de su beatificación. En septiembre de 2000, Juan Pablo II lo beatificó. «Ha quedado en el recuerdo de todos la imagen del rostro sonriente del papa Juan y de sus brazos abiertos para abrazar al mundo entero», afirmaba Juan Pablo II en la homilía. En julio de 2013, el Vaticano anunció la canonización de Juan XXIII.

Una larga misión en Bulgaria

Angelo Giuseppe Roncalli no había nacido en un día apacible. Tampoco llegó a Bulgaria en el momento más propicio. No fue culpable ni de una cosa ni de la otra. Llegó a Sofía, la capital de Bulgaria, en un momento muy delicado. Unos días antes, mientras se celebraba en una gran iglesia ortodoxa el funeral por un alto militar búlgaro asesinado por los comunistas, estalló un explosivo en su interior. Detrás del atentado estaban los comunistas. Esta vez, su objetivo apuntaba más arriba. Querían asesinar al rey, que asistía al oficio. El explosivo causó más de cien muertos y se hundió la bóveda de la basílica. El rey, sin embargo, salvó la vida. Además de esto, había tensiones entre Bulgaria y Turquía, su tradicional enemigo.

Roncalli quiso empezar su labor apostólica con un gesto de buena voluntad. Enseguida pudo percatarse de que en Oriente —como en Occidente— las personas son laberínticas y uno debe andarse con pies de plomo. El arzobispo Roncalli se dirigió a un hospital a visitar a algunos heridos del atentado. Pero esta acción de caridad cristiana levantó ampollas entre los dirigentes de la Iglesia ortodoxa. Lo acusaron de intromisión y de imperialismo espiritual. Los pastores ortodoxos no estaban dispuestos a que el arzobispo católico recién llegado se llevara las ovejas de su redil. Así, Roncalli, uno de los grandes impulsores del ecumenismo en el siglo XX, pudo comprobar muy pronto que el camino hacia la unidad de los cristianos no era una llanura plácida por la que pasear, sino más bien una cima que había que conquistar con gran esfuerzo. Y con la gracia de Dios, por supuesto.

En las Iglesias ortodoxas está muy arraigado el sentimiento anticatólico. Hasta el final de su vida, Roncalli procuraría derribar las barreras históricas, los prejuicios atávicos que separan a ortodoxos y católicos. Se dedicó a fortalecer las bases para que, un día, católicos y ortodoxos puedan celebrar su unidad y su fraternidad completa. Había podido comprobar, en cualquier caso, que no era una tarea sencilla. Pero su misión principal no era establecer puentes de diálogo con los ortodoxos, sino reavivar la comunidad católica, desunida y desorientada. Como ya se ha indicado, él no hablaba búlgaro, aunque se esforzó por aprenderlo. Por eso tomó como intérprete al padre Cyril Kurtev, un hombre robusto y corpulento que sería una suerte de ángel de la guarda durante su estancia en Bulgaria. Lo necesitaría. Iba para unos meses… y representó al Papa en Bulgaria durante nueve años.

Fueron años duros, con disgustos abundantes y una cierta incertidumbre sobre el porqué de su larga estancia en el país cuando se le había encomendado una misión de pocos meses. Habría razones vaticanas. Quién sabe. «Paz y obediencia», se repetía en los momentos en los que asomaba la rebeldía en su cabeza y en su corazón. El primer objetivo del obispo

Roncalli fue visitar a los católicos de rito oriental o bizantino. Necesitaban algún gesto de apoyo y reconocimiento, pues los católicos de rito latino los miraban por encima del hombro y los ortodoxos los despreciaban. Así que Roncalli, junto a su secretario e intérprete, el padre Kurtev, se puso en camino hacia las montañas montado en una mula para visitar a los greco-católicos.

El viaje fue incómodo, pero valió la pena. Sobre todo, al comprobar que esos católicos despreciados por unos y por otros recibían emocionados a aquel que venía en nombre del Papa. Muchos vivían en pueblos pobres, perdidos entre montañas. No tenían dinero ni para la cera de las velas, pero festejaron con alegría la llegada del arzobispo. Cantaban y cantaban, con canciones tradicionales en las que celebraban la vida, el amor, la fe. Habían sufrido persecuciones durante siglos, pero se habían mantenido fieles a su fe católica y ahora veían recompensada su perseverancia con la visita del embajador papal.

En verano, Roncalli procuraba regresar a Italia y pasar un mes en su querido pueblo de Sotto il Monte. Descansaba, leía, paseaba. A veces, jugaba alguna partida de cartas con sus viejos amigos. Y aprovechaba ese tiempo de sosiego para entregarse a su gran pasión personal: la investigación histórica sobre san Carlos Borromeo. Había sido uno de los grandes obispos de la época de la reforma católica en el siglo XVI. ¿Quién le iba a decir a Roncalli que él sería el impulsor de una nueva reforma del catolicismo, realizada en el Concilio Vaticano II?

En muchos aspectos, Angelo Roncalli y Carlos Borromeo guardaban similitudes. Roncalli lo tomó como modelo episcopal. Al principio, san Carlos Borromeo también había sido retraído y tímido, pero había llegado a convertirse en un hombre amable con todos. San Carlos también había logrado todo a base de mucho esfuerzo y tenacidad, pues no era un hombre de pocas luces, pero tampoco un genio de las letras. El arzobispo Roncalli se sentía identificado con él: había conseguido mucho con un gran esfuerzo personal y con mucha oración y penitencia.

El año 1928 fue, probablemente, el más intenso de su visita apostólica a Bulgaria. Un fuerte terremoto sacudió la zona montañosa de Plovdiv, una de las regiones más pobres del país y con un porcentaje de católicos más elevado. El arzobispo Roncalli se implicó a fondo con los afectados por el terremoto.

Pidió al Vaticano que encabezara una suscripción económica para paliar el desastre, y así fue. Ante el drama humano, católicos y ortodoxos colaboraron en las tareas humanitarias. Ante la muerte y el dolor cayeron los viejos prejuicios históricos. Ante la desgracia propia y ajena, católicos y ortodoxos se dieron cuenta de que era mucho más aquello que los unía que no lo que los separaba. Es cierto que había algunos asuntos en los que tenían un punto de vista teológico diferente. Pero ambos llevaban colgada la cruz al cuello, rezaban a un mismo Salvador y cumplían el mandato evangélico de ayudar al pobre y desvalido. Así, entre las ruinas de las casas, se empezó a gestar el ecumenismo que Roncalli, siendo ya Papa, promovería en toda la Iglesia.

El arzobispo Roncalli se remangó la sotana y sacó dinero de debajo de las piedras para ayudar a los damnificados por el terremoto. A muchos católicos, pero también a ortodoxos y musulmanes. No se trataba de simple solidaridad ni filantropía. ¿Dónde había aprendido Roncalli a querer a todos? Él mismo contestó a esta pregunta muchas veces. Había aprendido a querer en su oración ante la cruz. Rezaba muchas veces ante el crucifijo. Y allí veía a Cristo, con los brazos abiertos, clavado por amor. Si él quería imitar a su Maestro, también debía abrir los brazos a todos, sin distinción. La semana antes de morir, escribía en su diario:

En mis conversaciones nocturnas con Nuestro Señor siempre he tenido ante mí a Jesús crucificado, con los brazos bien abiertos para acoger a todo el mundo, porque la labor de la Iglesia católica y romana es la de trabajar para que se realice la plegaria del divino maestro: "Que sean uno".

Nueve años en Bulgaria. Casi un decenio cabalgando entre las montañas de la naturaleza y los montes de la incomprensión humana. Nueve años intentando poner en marcha diversas iniciativas, como un nuevo seminario. Había logrado, al menos, que la Santa Sede nombrara a su fiel acompañante Kurtev obispo de los católicos de rito oriental. Habían sido años duros. Pero el corazón de Roncalli había quedado prendado de las gentes de Bulgaria. Quedó claro el día de su despedida. El arzobispo recibió un telegrama reservado del Vaticano. Llevaba años esperando la noticia de su relevo. Roncalli quiso leer el telegrama acompañado de Cyril Kurtev, su antiguo intérprete, ahora obispo.

—Mi querido Cyril, he recibido un telegrama. Tengo la impresión de que se trata de algo importante. Quiero leerlo contigo. Has sido mi báculo y mi consuelo durante estos años. ¿Te acuerdas cuando recorríamos los montes a lomos de las mulas?

—¡Creo, excelencia, que nunca he sido tan feliz!

—Cyril, ¿cuántas veces te tendré que pedir que no me llames excelencia? Hasta el último día serás un santo tozudo o un tozudo santo. Somos viejos amigos. Me has enseñado todo lo que debo saber sobre este país. Yo soy Angelo para ti.

—De acuerdo, excelencia —contestó jocoso el obispo Kurtev—. Espero que no se nos vaya… —continuó con la voz trémula.

—Cyril, un día u otro tendré que dejar Bulgaria. Cuando llegué, este país era para mí una tierra extranjera y desconcertante. Hoy quiero estos paisajes y a sus gentes con toda mi alma. Mi corazón ha echado raíces en Bulgaria. Vamos a leer el telegrama.

Roncalli leyó pausadamente el mensaje que le había llegado de la Santa Sede. Tenía el tono protocolario, pero conciso, de los telegramas diplomáticos de la época. El mensaje cerraba casi diez años de la vida de don Angelo y dibujaba un horizonte absolutamente nuevo. Otra vez, un panorama inesperado por completo. Desde el Vaticano se comunicaba al arzobispo Roncalli que el Papa había decidido encomendarle una nueva misión. Le había nombrado delegado apostólico en Turquía. Corría el año 1934. Roncalli cerró los puños. Le asomaban las lágrimas a los ojos. Por un lado, la inminencia de abandonar Bulgaria lo apenaba. Pero le afectaba más todavía el nuevo destino: otra vez, un lugar desconocido, extraño. Roncalli se dejó caer en la butaca de su despacho y se recogió en oración. Pasaron algunos minutos y, progresivamente, su sonrisa habitual volvió al rostro. Había recuperado la jovialidad, aunque se notaba que había algo de esforzado en su postura.

—Cyril, convoca a los sacerdotes que haya en Sofía. También a los matrimonios que han colaborado con la nunciatura.

—Usted ha sido un padre para nosotros —replicó Cyril, que no podía domeñar su tristeza—. ¡Quédese! ¿Quién nos animará con su espíritu alegre y nos predicará con su piedad profunda?

—Tendrás que ser tú, Cyril. Recuerda que en esta vida estamos de paso. Debemos caminar a buen ritmo y con el corazón alegre, aunque a veces nos duela el alma.

—Pero, excelencia, en Turquía hay solo 25 000 católicos. Aquí tenemos dos ritos entre los católicos, pero allí los católicos se dividen en cuatro comunidades: la latina, la caldea, la armenia y la bizantina. Es un embrollo. No entiendo mucho de nombramientos, pero, si no me equivoco, su destino es un descenso. Después de lo que ha hecho aquí, deberían enviarlo a París o a Londres.

—Querido Cyril... A mí solo me interesa el ascenso al cielo. Y sé que pasa por cumplir lo que prometí un día, en San Pedro del Vaticano, poco después de mi ordenación: ser un servidor discreto de Dios realizando las disposiciones del Papa. ¡Ya verás qué aventuras en Turquía! Anda, reúne a los fieles.

La noticia de la marcha de Roncalli corrió como la pólvora por la ciudad. Una multitud, emocionada, se concentró en la iglesia catedralicia. Al poco, salió Roncalli. Había tenido ocasión de pasear un rato y rezar un rosario a la Virgen. Se dirigió a los presentes con la sentida sencillez con la que hablaba siempre:

—Amigos todos. Llegué a este país hace nueve años. No tenía más que buena voluntad. Desde entonces, me habéis enseñado muchas cosas. Estábamos divididos. Hoy nos hemos reunido aquí católicos de distinto rito. Tengo también la alegría de ver a algún hermano nuestro ortodoxo. Al poco de llegar me explicaron una vieja tradición búlgara. Cuando uno de vosotros va al extranjero, pone en la puerta de su nueva casa una vela, para que cualquier búlgaro que pase por ella sepa que está frente a un hogar amigo. Me voy, pero os llevaré siempre en mi corazón. Sabed que, viva donde viva, siempre encontraréis en este arzobispo a un amigo. Podéis llamar a la puerta. Os esperaré con los brazos abiertos. Gracias. ¡Que Dios os bendiga!

Pocos días después, Roncalli partió hacia Turquía. De nuevo, un país complejo. Hacía poco que había tomado el poder un militar, Kemal Atatürk, quien había instaurado una dictadura radicalmente laica. Sus medidas —que prohibían cualquier manifestación religiosa en los espacios públicos— afectaban principalmente a los musulmanes, que eran la gran mayoría en el país. Atatürk pretendía llevar a cabo una completa modernización y occidentalización de Turquía, y consideraba que para eso era necesario que la religión dejara de ser un principio del ordenamiento estatal. Prohibió a los ministros sagrados de todas las religiones llevar vestimenta religiosa. Pretendía construir una nueva Turquía. Incluso, cambió el alfabeto, abandonando el arábigo para introducir el latino.

Roncalli llegó a Estambul la vigilia de Reyes de 1935. Lo primero que hizo fue un retiro. Entre sus propósitos destaca el de no quejarse nunca; no lamentarse por un dolor, por una desconsideración ni por una humillación. De san José había aprendido lo que llamaba «la devoción del silencio». Pero no quejarse no implicaba permanecer inactivo cuando la dignidad de la Iglesia o de las personas estaba en juego. Y, efectivamente, en los años siguientes Roncalli se movió.

Roncalli ante los trenes de la muerte

Estambul es, sin duda, una de las ciudades más bonitas de Europa. Durante muchos siglos se la conoció como Bizancio, la capital del Imperio romano de Oriente, y también como Constantinopla. En 1453 la ciudad cayó bajo el poder musulmán. Estambul es la puerta entre Europa y Asia, y el baluarte que custodia el estrecho del Bósforo, que da entrada al mar Negro.

Cuando Roncalli llegó a Estambul, la ciudad tenía las características que la siguen definiendo hoy. Es un hormiguero, una ciudad abigarrada y viva en la que destacan tres grandes monumentos. Es magnífico verlos desde el estrecho del Bósforo, al atardecer, con el cielo anaranjado, el sol bañando el estrecho y los tres grandes edificios proclamando la historia de la ciudad, de Europa y de Asia.

El primero de ellos es la antigua catedral de Santa Sofía, convertida en mezquita y hoy museo, con su refulgente cúpula dorada. En segundo lugar, la mezquita azul, con sus minaretes, bellísima, sello de la victoria del islam en la ciudad. Finalmente, el palacio de Topkapi, en una colina desde la cual los omeyas gobernaron buena parte del sur de Europa y el norte de África. Lo hicieron con una magnífica vista sobre la ciudad y sobre el estrecho del Bósforo, rodeados de los placeres más exquisitos, de vasijas de porcelana y oro, de cientos de concubinas que constituían el harén.

Cuando el arzobispo Roncalli llegó a Estambul ya no había sultanes. Su derrota en la Primera Guerra Mundial había precipitado el final de la monarquía otomana. Ahora gobernaba Turquía el general Atatürk, que pretendía que la religión desapareciera de la vida pública, sobre todo la musulmana, pero también todas las demás. Sin embargo, el arzobispo Roncalli demostró enseguida que la diplomacia del corazón podía llegar a ser muy eficaz.

Su predecesor como delegado apostólico, como todos los extranjeros, había estado continuamente preocupado por la cuestión del visado. Las autoridades turcas se lo concedían por poco tiempo y tenía que renovarlo una y otra vez, sometiéndose a todo tipo de entrevistas. Roncalli solucionó el problema con sorprendente rapidez. Fue a visitar al jefe de la Policía; en unos minutos salió del despacho con un visado permanente. El secretario del arzobispo, monseñor Dell'Acqua, sorprendido, le preguntó:

—Pero, excelencia, ¿cómo se las ha arreglado usted? Nunca ningún delegado apostólico había logrado antes un visado permanente.

—Bueno, el jefe de la Policía tiene familia en Grecia, cerca de Salónica, en un pueblo que conozco bien —respondió Roncalli.

El arzobispo no había soltado una perorata al policía. Había tocado su fibra sensible, había buscado puntos en común, había llegado a su corazón. Y había conseguido un visado permanente. Algo similar sucedió con el gobernador de Estambul. Roncalli solicitó audiencia; el recibimiento fue glacial pero, tras una hora de conversación, el arzobispo y el gobernador salieron del gabinete en un clima amistoso y tomaron juntos la bebida típica de Estambul en una magnífica terraza, desde la que se divisaba el Bósforo. La conversación fue animada; se sinceró, con picardía, el gobernador:

—Con nosotros, monseñor, va a tener mucho que hacer. ¡Somos musulmanes! ¡Musulmanes antirreligiosos, ya sabe!

—A otros más complicados he convertido —comentó con rapidez Roncalli.

En efecto, aunque la mayor parte de los turcos seguían siendo musulmanes practicantes, las élites del país se mostraban hostiles a cualquier interferencia religiosa en la vida civil y política. Así, el Gobierno de Atatürk prohibió a cualquier persona llevar vestimenta religiosa en la calle. Ni pañuelos las musulmanas, ni kipás los judíos, ni sotana los sacerdotes católicos. Unos días más tarde, el secretario del arzobispo Roncalli, monseñor Dell'Aqcua, entró muy asustado en la delegación.

—Excelencia —espetó angustiado el secretario—. ¿Ha leído la prensa?

—No —respondió Roncalli con su habitual sosiego—. He rezado y luego he desayunado tranquilamente.

—¡Nos obligan a quitarnos la sotana! ¡Ningún religioso puede llevar vestimenta clerical! ¡Todos hemos de ir vestidos de civiles!

—Vaya, hombre —repuso Roncalli—. Eso es una injusticia y un ataque a la libertad.

—¡Yo vuelvo a Italia antes que quitarme la bendita sotana!

El arzobispo Roncalli sentía un gran cariño por su vestimenta sacerdotal. Una vez, muchos años atrás, en la enfermería del seminario, había quedado impresionado al ver cómo un religioso muy joven besaba su hábito. Pero Roncalli era, ante todo, un hombre con sentido común, de modo que zanjó las gallardías de su secretario, que se llamaba como él y, tras un momento de reflexión, aseveró:

—Angelo, pero ¿a qué hemos venido aquí?, ¿a lucir la sotana o a predicar la palabra de Dios? ¿Es que solo te atreves a proclamar el Evangelio protegido por la sotana? Anda, di a alguien de la delegación que vaya a comprarnos ropa civil.

—De acuerdo, excelencia —obedeció algo desconcertado el fervoroso secretario.

—Pero que venga antes a tomarnos medidas —concluyó nuestro arzobispo—. Me lo veo venir: vestido de civil, destacará todavía más mi dichosa barriga. Al menos, la sotana la disimulaba un poco...

El asunto de la vestimenta religiosa fue una minucia en relación con los retos que tendría que afrontar Roncalli en los años siguientes. Debió buscar fórmulas para salvar las escuelas religiosas, pues el Gobierno las había prohibido. Pidió a todos los sacerdotes que predicaran en turco y escribió su primera carta pastoral en el idioma del país. En lo personal, don Angelo Roncalli experimentó el dolor de no poder acompañar ni a su padre ni a su madre en sus últimas horas de vida. Ambos murieron durante su labor apostólica en Turquía. Los padres le habían dado la vida;

habían apoyado y fomentado su vocación sacerdotal. Sus padres, a los que tanto quería, habían muerto sin que él les pudiera dar su bendición de sacerdote, sin poder tomarles de la mano y susurrar al oído su agradecimiento y amor. Probablemente, pasaron por la cabeza de Roncalli aquellas palabras del Evangelio: «Y todo aquel que deja casas, o hermanos, o hermanas, o padre, o madre, o mujer, o hijos, o campos por causa de mi nombre, recibirá cien veces más y heredará la vida eterna».

De todos modos, las lágrimas personales y familiares de Roncalli eran pequeñas gotas en comparación con la terrible tormenta que se aproximaba. Sonaban tambores de guerra en Europa. Tras la carnicería de la Primera Guerra Mundial, ¿quién hubiera imaginado que el hombre fuera capaz de aberraciones aún peores? En Alemania, un profeta de la raza aria había llegado al poder, imponiendo una dictadura fascista. La democracia había ido diluyéndose en casi todos los países europeos, dejando paso a regímenes totalitarios o autoritarios de derechas y a sistemas dictatoriales comunistas de izquierdas. Solo Inglaterra, Francia y Checoslovaquia se podían considerar verdaderas democracias liberales en el continente.

Hitler tronaba ante el micrófono, fascinando a la mayoría de los alemanes, que quedaban conmovidos por la palabra mágica de este hombre fanático. Prometía una nueva Alemania, otra vez grande y temible. Prometía devolver el orgullo a un país pisoteado en los tratados de paz con que concluyó la Primera Guerra Mundial. Atisbaba el triunfo de la raza aria y el nacimiento de un hombre nuevo. Aseguraba pan y trabajo. Y, efectivamente, al mismo tiempo que encarcelaba y torturaba a sus enemigos políticos, construía autopistas y hacía resurgir la economía nacional. Pero, por encima de todo, odiaba a los judíos, a los que acusaba de todos los males sociales.

Miles de kilómetros al este, en Japón, bullían también las ansias de grandeza. El pueblo japonés pretendía dominar China y el sureste asiático. Sus militares habían sido entrenados por oficiales alemanes en la disciplina y en el uso de las armas más avanzadas. Hitler, el dictador alemán, se hizo con Austria. Europa cayó. Invadió también parte de Checoslovaquia. Europa temía la guerra. Con razón. La experiencia anterior había sido dramática. Pactaron con Hitler. Le permitieron quedarse con los territorios anexionados si abandonaba su empeño de llegar más lejos. Era el año 1938. Los líderes europeos firmaron acuerdos de pacificación con Alemania y en sus países los recibieron como a héroes.

Pero el hambre de Hitler era voraz. El 1 de septiembre de 1939, la Alemania nazi invadió el oeste de Polonia. La Rusia comunista ocupaba el este. Esta vez, Francia e Inglaterra no cedieron. Estalló la guerra más terrorífica de la historia. En Europa y en el mundo. Aliados con los alemanes, los japoneses aceleraron su conquista de China y el sudeste asiático. De nuevo, la guerra desató los instintos más bajos del ser humano. Pronto, la Alemania nazi y la Rusia comunista entraron también en guerra entre ellas. El mundo entero quedó movilizado y se convirtió en el escenario de una inconmensurable matanza colectiva. Estalló la guerra y se derrumbó la civilización. En un momento dado, los nazis dominaron casi toda Europa. Plantaron también su bandera en Grecia, lo cual afectaba a Roncalli. Además de ser delegado del Papa en Turquía, lo era en Grecia, donde vivían muy pocos católicos. Ante la noticia del inicio de la guerra, Roncalli tomó una decisión particular. Reunió a los miembros de la delegación apostólica y les anunció:

—Hermanos, ante las terribles noticias que nos están llegando en estos días, he decidido que me voy a retirar una semana a hacer unos ejercicios espirituales en el convento de carmelitas que hay unos kilómetros al oeste, al inicio del estrecho.

—Pero, excelencia —dijo enseguida un joven sacerdote—, ¿no sería mejor aplazar los ejercicios? ¿Se ha dado usted cuenta de que el mundo se resquebraja? No sé si es la mejor situación para recluirse, excelencia.

—En efecto, hijo mío. Se acercan tiempos recios. Pero, ¿crees que cuando más necesitamos a Dios debemos dejarlo de lado? ¿O es que confiamos más en nuestra astucia que en su poder?

Roncalli pasó unos días de profundo recogimiento. No era un hombre frío ni indiferente. Al acabar los ejercicios espirituales, pudo conversar con su secretario, Angelo dell'Acqua, a quien también hacía confidencias espirituales. Mientras esperaban el coche que debía ir a buscarlos, Roncalli y su secretario paseaban a la vera del mar.

—Angelo —decía Roncalli—. He rezado mucho estos días. También he pensado muy a menudo en la guerra, este azote terrible que no puede venir de Dios, sino del pecado y del maligno.

—Excelencia… Las noticias que llegan de Europa son preocupantes.

—Lo imagino. A veces, las situaciones difíciles nos hacen volver a lo esencial. Durante estos días he decidido que voy a desprenderme de todo el dinero que he ido ahorrando durante estos últimos años con mi sueldo. He nacido pobre. Quiero vivir y morir pobre.

Así, el arzobispo Roncalli se puso a trabajar. Turquía permaneció como país neutral durante la guerra. No se alineó en ningún bando, ni ninguna potencia puso los pies en su territorio. Pero Grecia había sido invadida. En lo alto de la Acrópolis de Atenas, en ese lugar donde habían paseado y perorado los principales filósofos de la Antigüedad, se alzaba la bandera de los nazis. La barbarie quedaba plantada en el corazón de la civilización.

Mientras tanto, el pueblo griego sufría los estragos del hambre. El país estaba devastado por la guerra. En Palestina, bajo control británico, estaba bloqueado un barco con más de 360 000 toneladas de trigo, recolectadas por la Cruz Roja para Grecia. Los británicos, con el objetivo de debilitar a los alemanes, habían decretado el bloqueo naval sobre el país. Cualquier barco que se acercara, sería torpedeado. Los griegos se morían de hambre mientras 360 000 toneladas de trigo aguardaban en un puerto no muy lejano.

Un grupo de personalidades griegas acudió entonces a Roncalli. Consideraban que, si el Papa presionaba a los británicos, quizá conseguiría que dejaran pasar el barco con la ayuda alimenticia. El arzobispo se puso manos a la obra. Pero había un muro que franquear. El delegado apostólico no quería actuar de espaldas a las autoridades de la Iglesia ortodoxa griega y se puso en contacto con ellas. La respuesta fue fría y desalentadora. Durante siglos, la Iglesia ortodoxa griega no había mantenido buenas relaciones con la católica. Roncalli insistió. Pidió una entrevista directa con el metropolitano de Atenas, la máxima autoridad ortodoxa en Grecia.

El encuentro con Damaskinos comenzó con un frío apretón de manos, pero acabó en un abrazo sincero. La cercanía humana de Roncalli y la situación de extrema necesidad que vivían los griegos desmoronó recelos existentes desde hacía siglos. Era el primer abrazo que se daban un representante del Vaticano y un representante de la Iglesia ortodoxa griega desde hacía nueve siglos. Damaskinos reconoció que el Papa era la persona que mejor podía interceder ante los británicos para que abandonaran momentáneamente el bloqueo. Además, Roncalli y Damaskinos acordaron que aquella entrevista debía ser el primer paso en una nueva forma de relación entre católicos y ortodoxos.

Roncalli voló a Roma. Se entrevistó con el papa Pío XII, que intercedió ante las autoridades británicas. Finalmente, las 360 000 toneladas de trigo llegaron a su destino y la secretaría de Estado del Vaticano dispuso una serie de medidas económicas para ayudar al pueblo griego.

De cualquier modo, la intervención humanitaria de Roncalli durante aquel periodo de infausta memoria no acabó aquí. Miles de personas morían de hambre en las calles de Atenas. El delegado apostólico organizó dieciséis centros asistenciales e hizo todos los movimientos diplomáticos posibles con el fin de conseguir dinero para ayudar a los griegos. En Estambul, contactó con un representante estadounidense y logró socorro económico del Gobierno norteamericano para paliar el desastre humanitario griego. Sus esfuerzos fueron tan notables que el Gobierno griego lo invitó a las fiestas de la liberación y la victoria, una vez expulsados los nazis.

Roncalli había logrado mucho. Durante siglos, los ortodoxos griegos habían proclamado orgullosos: «Antes la muerte que Roma». Ahora, gracias a la caridad abnegada y sincera del delegado apostólico, un representante del Papa de Roma figuraba entre las personalidades destacadas que celebraban la liberación de la opresión nazi.

No obstante, si por algo sería recordada la acción de nuestro protagonista durante los años de la guerra, fue por su trabajo en favor de los judíos. Los nazis empezaron discriminándolos de la sociedad y acabaron enviándolos a las cámaras de gas. Millones de personas fueron asesinadas únicamente por pertenecer a un pueblo o profesar un determinado credo. En todos los países que los nazis dominaban, los judíos eran capturados y enviados a campos de concentración, donde morían masivamente. Algunos llegaban ya cadáveres; no resistían el hacinamiento de los trenes de la muerte, camino de los campos de exterminio. Aquellos países que los nazis no habían ocupado y que eran sus aliados —por afinidad ideológica o por miedo a la invasión—, se veían forzados a perseguir a los judíos y a entregarlos a los dirigentes alemanes.

Durante siglos, los cristianos habían recelado de los judíos y algunos hasta los habían despreciado y maltratado.

Esa no era una actitud humana ni evangélica, como más tarde proclamaría el Concilio Vaticano II. Jesús y María eran judíos; el pueblo hebreo había sido el depositario de la gran promesa de Dios. Para los cristianos, los judíos eran sus «hermanos mayores en la fe». ¿Y qué hermano hubiera dejado que transportaran a otros hermanos como ganado, que los gasearan y aniquilaran como ratas? Roncalli optó nuevamente por lo bueno o, mejor dicho, por lo heroico.

Las actividades del arzobispo en pro de los hebreos fueron múltiples y valientes. No le temblaba la mano ni el corazón. De hecho, fue la pieza clave en algunas tramas para salvar de los crematorios a miles de judíos. En primer lugar, el delegado apostólico en Turquía insistió al arzobispo de Budapest para que concediera certificados de bautismo a los judíos de la ciudad, a los que asediaban las autoridades filonazis. ¿Certificados de bautismo? Sí. Certificados que atestiguaran que aquellos judíos habían abrazado el cristianismo. ¿Pero era verdad que habían dejado de pertenecer al judaísmo para ingresar en la fe católica? Lo cierto era que aquellos hombres estaban a punto de ser aniquilados. Habitualmente se les bautizaba sin preguntarles demasiado. Ellos decidirían, después, en conciencia, si querían mantenerse como cristianos o regresar al judaísmo. Para los judíos, además, las conversiones realizadas bajo una presión asfixiante, como la que vivían en Hungría, eran nulas. La cuestión es que se organizaron bautismos masivos de judíos para salvarlos de los nazis. La señal de Cristo —un hombre de su misma raza— los salvaba de los fanáticos del odio. En algunos casos se firmaban certificados de bautismo sin que se hubiera llegado a producir el sacramento. ¿Una impostura? No, una acción divina de redención. Lo dice uno de los padres de la Iglesia: «La vida del hombre es la gloria de Dios».

Roncalli firmó también certificados de bautismo para judíos de Bulgaria, el país donde había vivido casi diez años. Su misión ya no estaba allí, pero mantenía contactos con las autoridades eclesiásticas y civiles del país. Intercedió ante el rey de Bulgaria para que no cediera a la presión nazi y no deportara a los judíos. En Estambul, por su parte, estaba en contacto con el delegado de la agencia judía, Haim Barlas, constituida para salvar el máximo número posible de vidas hebreas. Barlas le entregaba «certificados de inmigración a Palestina» y visados turcos falsificados, que Roncalli hacía llegar al obispo de Budapest, en Hungría. Con esos certificados y visados, los judíos podían abandonar sus países y ponerse en camino hacia Palestina. Pero para llegar a Palestina, para huir del odio industrializado y exterminador de los nazis, no había otro camino que atravesar Turquía.

En efecto, a la frontera turca llegaban desde Hungría y Bulgaria miles de judíos refugiados, con certificados de bautismo, con visados turcos, con pases de residencia para Palestina. Turquía se había mantenido neutral, pero los visados y los permisos de paso eran claramente dudosos. En este aspecto fue absolutamente importante la ayuda del embajador alemán en Turquía, Von Papen. Había sido presidente de Alemania y era un patriota convencido. También era católico. Se alió con Roncalli a la hora de facilitar el paso de judíos por Turquía. Cuando, unos años más tarde, se llamó a Von Papen a los juicios de Nüremberg que se organizaron después de la guerra para juzgar a los dirigentes nazis, Roncalli escribió al tribunal testificando en su favor. Quizá este escrito lo salvó de la horca.

Años más tarde, el gran rabino de Jerusalén escribió a Roncalli agradeciendo su intervención para salvar la vida de más de 55 000 judíos de Rumanía.

Acabó la guerra. 1944. Las potencias vencedoras se repartieron Europa. La Europa del Este quedó bajo el yugo de la Unión Soviética, la dictadura comunista dirigida desde Rusia. De poco les sirvió a los polacos, lituanos o rumanos verse libres de los nazis. Triste historia la del siglo XX, por la que transitaba el arzobispo Roncalli. La vida de este hombre sencillo y bondadoso se había convertido en una verdadera peripecia. Y le esperaba una nueva.

Al poco de terminar la guerra, recibió un telegrama desde el Vaticano. Un nuevo nombramiento. ¿Dónde? París. El papa Pío XII había decidido nombrarle nuncio en esta ciudad. Nuncio, en lenguaje eclesiástico, es sinónimo de embajador.

Iba a ser embajador del Vaticano y representante del Papa en París, foco de la cultura mundial, encrucijada de las grandes decisiones políticas, plaza diplomática fundamental. Francia es hoy una nación importante. Entonces, era una gran nación, con colonias en todo el mundo. Los franceses dominaban, como mínimo, un tercio de África. París era el epicentro mundial de la vida intelectual y la capital de la moda. Angelino, el niño campesino de Sotto il Monte, se marchaba al refinado París.

A los franceses les gustaba hablar de la «grandeza» de su país. Su nuevo presidente, el general De Gaulle, pisaba fuerte. Había dirigido la resistencia contra los nazis. Estaba empeñado en expulsar a treinta obispos acusados de haber colaborado con las fuerzas de ocupación. Roncalli llegaba a París en un momento complejo. Él chapurreaba el francés. Ya se había introducido en el mundo de la diplomacia, pero ahora se le pedía entrar en los laberintos diplomáticos. Pasó horas ante el sagrario, rezando. De nuevo, se impuso su lema episcopal: «paz y obediencia».

Diez años más tarde escribía una carta a un familiar contando cuáles habían sido sus disposiciones:

Con el deseo de ver en todo, de buscar y de hacer la voluntad de Dios y de no preocuparme por nada, lo que se dice para nada, de lo que concierne a honores, promociones y otras cosas. He seguido siempre este sistema, ejercitando la simplicidad, la obediencia y la humildad, y me he encontrado siempre por encima de lo que hubiera podido soñar en mi vida sacerdotal.

Desde Estambul, tomó un avión hacia París. Antes tuvo que someterse a una breve entrevista rutinaria con un trabajador del aeropuerto.

—Excelencia —le dijo suavemente el encargado de entrevistar a los viajeros—. Sabe usted que actualmente la tecnología está muy avanzada.

—No tiene usted que explicármelo. Hace pocos años viajaba en burro. Ahora vuelo como los pájaros —repuso, bromista, el arzobispo.

—Pero también es usted consciente de que el avión conlleva siempre un riesgo...

—Toda decisión implica un riesgo —continuó Roncalli, quitando hierro al tono solemne que iba tomando la conversación—. Mire, he hecho decenas de vuelos durante la guerra. En ocasiones, en zonas de máximo peligro. Sería una broma de mal gusto que me pasara algo justo ahora que el cielo está pacificado.

—Excelencia, debería escribirme en esta hoja el nombre de alguna persona de contacto a quien podamos avisar en caso de que sucediera algún imprevisto.

—Bien…, apunte usted mismo, si es tan amable. En caso de accidente, pueden ponerse en contacto con monseñor Giovanni Battista Montini.

Roncalli había dado el nombre de un sacerdote y diplomático amigo con quien tenía una especial sintonía. Poco podía imaginar entonces el futuro nuncio en París que su amigo Montini le sucedería a él mismo en el papado. Pero para eso quedaban todavía muchos años. De momento, Roncalli aterrizó en París el 30 de diciembre de 1944. Tenía 63 años.

En los palacios de París

Roncalli llegó a París un día antes de fin de año. Por esas fechas solía reunirse todo el cuerpo diplomático, y el decano de los embajadores realizó un discurso. Puesto que la Santa Sede era el Estado con embajadores desde hacía más siglos, le correspondía al nuncio dirigir el discurso a los asistentes.

Como todavía no había nuncio en París, encargaron el discurso al embajador soviético. Era el representante del país más hostil al Vaticano. Pero el nuevo nuncio no hacía acepción de personas. Era profundamente fiel a los principios y a la doctrina de la Iglesia. Al mismo tiempo, gozaba de una enorme libertad interior para querer sin tasa a todos. Como él mismo decía, practicaba la «diplomacia del corazón», más que la diplomacia de las grandes estrategias y los rostros serios. Quería a la gente, la trataba con sencillez y afecto. No era lo habitual en un mundo caracterizado por los formalismos y los protocolos. En 1947, escribía a un familiar:

Mi vida aquí, al servicio de la Santa Sede, me proporciona todos los días contactos con los llamados hombres grandes de este mundo: hombres de gobierno, de la diplomacia y de la ciencia. Cuando trato con ellos, pienso siempre en la simplicidad de nuestros campos y de nuestras familias, y de ahí saco la inspiración necesaria para tratar al prójimo con espontaneidad, sin artificio, con modesta amabilidad persuasiva, que luego el Señor penetra de su luz y de su caridad, y hace que el triunfo sea rápido y duradero.

Aterrizó en París, pues, con escaso tiempo para preparar su discurso. Enseguida entrevió la solución al problema que se le presentaba. Debía redactar un discurso para el cual no tenía tiempo. Se dirigió entonces a la embajada soviética. El embajador ruso ya tenía preparada su alocución. Dio comienzo una conversación sorprendente:

—Buenas tardes, excelencia —empezó Roncalli—. Perdone que me presente de repente en su embajada.

—Buenas tardes, señor nuncio. Realmente, su presencia es una sorpresa —dijo el embajador soviético, notablemente desconcertado—. ¿Ha habido un nuevo problema entre los Estados que representamos?

—No, excelencia —respondió con candidez Roncalli—. He venido a pedirle el discurso que usted ha escrito para leer mañana en la recepción de embajadores. No sé si dispondré de mucho tiempo para prepararlo, y es una lástima que usted haya trabajado en vano.

—Señor nuncio —indicó vacilante el embajador soviético—. Me hace usted un honor, pero los principios ideológicos que le guían a usted y a mí son bastante distintos.

—Pero, ¿me dejaría leer su discurso? —preguntó Roncalli.

El embajador ruso hizo que trajeran el texto que tenía preparado. Roncalli lo leyó. Le pareció correcto. ¿Para qué complicarse más?

—Excelencia —añadió—. Es un discurso muy bien preparado. Creo que lo podría utilizar perfectamente.

—Me honran sus palabras.

—Creo que con algún pequeño añadido y algunas referencias a Dios y a la Providencia, puede quedar un discurso magnífico.

—Bien, pues lo dejo en sus manos —concluyó el embajador del país comunista.

De este modo, Roncalli había solucionado en pocas horas el embrollo del discurso, además de realizar una primera aproximación amistosa al embajador de un Estado claramente enemigo de la Iglesia. Tendrían ocasión de reencontrarse en alguno de los convites y recepciones a los que el nuncio se vería obligado a asistir. Roncalli no se limitó, sin embargo, a participar en eventos diplomáticos. Decía nuestro protagonista: *Qué vida tan triste la del obispo o sacerdote reducido a no ser más que un diplomático o un burócrata.*

Para él, la misión diplomática tenía que estar imbuida de interés apostólico por las almas. Si no, se convertía en una situación ridícula. Durante sus años como nuncio en París hizo más de doscientas salidas de la capital. Visitó todas las diócesis francesas. Acudía también a hospitales, cárceles y hasta a campos de prisioneros. Hacía estas visitas con cariño cristiano, con espíritu sobrenatural y con cierto sentido del humor. En una ocasión lo invitaron a inaugurar un cuartel de paracaidistas; el nuncio dijo a los reclutas:

—No quisiera, que de tanto bajar del cielo, os olvidarais de subir a él.

La frase tuvo fortuna. Un joven se le acercó y le propuso organizar unos ejercicios espirituales entre la tropa. De allí acabaron saliendo tres vocaciones sacerdotales. Del sentido del humor... y de la gracia de Dios. Cuando visitaba a los soldados alemanes prisioneros, se interesaba especialmente por si había algún seminarista entre ellos. En muchos casos, los años de guerra habían hecho vacilar su vocación. El nuncio los animaba y alentaba.

Pero Roncalli sabía que su servicio a las almas pasaba principalmente por cumplir aquello que le había encargado el Papa. De joven había ejercido su sacerdocio siendo secretario del obispo. Ahora tenía que hacerlo siendo representante y embajador de la Santa Sede. Debía, pues, asistir y organizar banquetes, encontrarse con diplomáticos y políticos, entrevistarse con el presidente de la República... Pensó que pocos diplomáticos se sentirían motivados por sus recepciones en la nunciatura, así que contrató a un gran cocinero de París. Se corrió la voz entre el cuerpo diplomático y los encuentros en la nunciatura fueron de los más concurridos. «Sencillos como palomas y astutos como serpientes», dice el Evangelio. Era bueno, era santo, pero no era un bobalicón, nuestro Roncalli.

En las recepciones, los hombres lucían sus trajes de gala y las mujeres estrenaban diseños de última moda. Una moda que tendía a aligerar la ropa. A veces, hasta puntos escandalosos. Algunas mujeres iban claramente provocativas. En una ocasión, le tocó al nuncio sentarse al lado de una señorita vestida con muy poco pudor. Llegó el postre. El nuncio ofreció una manzana a la mujer.

—Tenga, señorita, es para usted.

—Señor nuncio —dijo ella, sorprendida—, ¿una manzana?

—Sí. Fue al comerla cuando Eva se dio cuenta de que iba desnuda —concluyó Roncalli.

A la señorita no se le olvidaría nunca el episodio. Roncalli seguía guardando su corazón. La vida le había dado desenvoltura en el trato con las mujeres. Pero él quería mantener su corazón puro para Dios. En una ocasión, acudió una mujer despampanante a una recepción. Entre los asistentes se extendió un cierto morbo. ¿Cómo iba a reaccionar el nuncio? Uno de los participantes se le acercó y le comentó:

—Señor nuncio, ¿no le sorprende que haya mujeres que vengan vestidas con tal descaro a estas recepciones?

—Excelencia —contestó socarrón Roncalli—, a mí lo que me sorprende es que entren tales mujeres y todos los ojos, en vez de fijarse en ellas, se centren en el nuncio.

Roncalli pasó nueve años en París. Pronto se sintió cómodo en su nueva nación, pero su llegada fue algo accidentada. El nuevo nuncio se defendía en francés, pero no lo hablaba con fluidez ni elegancia. Y esto era un problema, dado lo orgullosos que los franceses se sienten de su idioma. A los pocos días de su llegada, en enero celebró su primera misa en París, en una celebración que era la presentación del nuncio ante sus fieles. Se confió a su querido san Carlos Borromeo e inició la homilía como buenamente pudo. Notó enseguida un gran desasosiego entre los asistentes, que se miraban mutuamente y se movían en sus bancos. Empezó a correrse un murmullo por toda la iglesia. El nuncio procuraba mantener el tipo y seguía adelante con el oficio divino, consciente de que podía estar cavando su tumba ante los parisinos. Pero, de repente, se disipó su apuro. Se le acercó tímidamente un sacerdote concelebrante:

—Excelencia, lo sentimos muchísimo. Le presentamos nuestras más sinceras disculpas...

—Bueno, hombre, no será para tanto. No se apure. ¿Qué sucede?

—Señor nuncio, la megafonía está estropeada y nadie puede oír las palabras que tan brillantemente nos dirige.

—¡Hijo mío! —exclamó Roncalli en un estado de profundo alivio—. ¡No sabe qué alegría me da! Demos gracias a Dios y a san Carlos.

Bajó entonces Roncalli del púlpito y se acercó al pueblo. Desde su sencillez, les dijo:

—Queridos hijos, lo siento. No habéis podido entender nada de lo que os he dicho. No os preocupéis. No era demasiado interesante. Además, mi francés es pésimo. Procedo de una familia campesina, en la que no era costumbre estudiarlo.

La parroquia rio encantada. Roncalli salió de tan embarazosa situación con su proverbial buen humor, pero inmediatamente se procuró un profesor de francés para mejorar el idioma.

El aspecto más espinoso y difícil de la embajada de Roncalli en París fue la negociación con el Gobierno de

Francia sobre la expulsión de los obispos a quienes el nuevo Gobierno francés acusaba de haber colaborado con el invasor alemán o con el Gobierno de Vichy, constituido al sur de Francia por el mariscal Pétain y que guardaba buenas relaciones con el Gobierno alemán. Antes que ver toda Francia ocupada por los nazis, el mariscal Pétain había preferido llegar a un acuerdo con los alemanes y mantener una cierta independencia. Otros franceses habían optado por la opción heroica: la resistencia. Una vez acabada la guerra y derrotados los alemanes, los resistentes victoriosos perseguían y desdeñaban a todos aquellos que habían apostado por los apaños y los males menores.

El general De Gaulle, flamante presidente de la República francesa, se mantuvo firme. Quería expulsar a una treintena de obispos, entre ellos, a algunos cardenales. El Vaticano mantenía la opinión contraria. Los obispos que habían mantenido relaciones con el Gobierno de Pétain habían cumplido su deber de mantener el diálogo con un Gobierno que, desde el punto de vista del derecho internacional, estaba legalmente constituido. El tema era, sin duda, delicado. Las posturas estaban enfrentadas.

Roncalli aplicó su tradicional diplomacia del corazón. Trabó amistad con el ministro del Interior, un buen católico de quien dependía el asunto. Y se aplicó al estudio de cada caso. Resultó que algunos de los obispos acusados habían llegado a estar encarcelados en campos de concentración nazis, por lo que la acusación era completamente infundada. En otros casos, su cercanía a las autoridades anteriores había sido excesiva. Finalmente, se apartó a siete obispos de sus diócesis.

En 1952, Pío XII nombró a Roncalli cardenal. El nombramiento significaba, sin duda, un gran honor. El cardenal arzobispo de París fue a visitarlo para transmitirle la enhorabuena.

—Excelencia —lo abordó entusiasta—, ¡muchísimas felicidades! El Santo Padre ha reconocido su trabajo.

—Gracias. Rece por mí —dijo Roncalli.

—Lo veo taciturno. ¿Está disgustado con el nombramiento?

—Tengo miedo —contestó con naturalidad Roncalli—. A mí me gusta el trato con la gente, hablar con los feligreses, tratar a los que están lejos de Cristo. No querría verme en la curia de Roma, tan lejos de la calle… Es necesario, ¡pero es para otra gente, no es para mí!

Pronto se disiparon sus temores. El papa Pío XII decidió nombrarlo arzobispo de Venecia. A Roncalli le dolió dejar Francia, pero le alegró enormemente poder dedicarse a la acción pastoral directa con los fieles, lejos de las intrigas diplomáticas. Por fin podría ser pastor a tiempo completo. Además, Venecia estaba cerca de Bérgamo. Volvía, de algún modo, a casa, a los paisajes de su infancia. El 15 de enero de 1953 llegó a Venecia, la ciudad de los canales, del comercio y de las góndolas.

De Venecia a Roma

El cardenal Roncalli asumió la archidiócesis de Venecia con 72 años. Todo parecía cuadrar. Tras una vida intensa y ajetreada, tras tantos años al servicio diplomático de la Santa Sede, había llegado el momento de un ocaso dorado. Patriarca de Venecia. Desde hace muchos siglos, al arzobispo de esta ciudad se le llama patriarca. Se trata de una tradición antigua. Ya sabemos que a Roncalli le importaba muy poco tener el título de cardenal, patriarca, obispo, monseñor o sacerdote raso. Pero, en cambio, quería poder seguir, días tras día, los pasos de su gran maestro espiritual, el obispo Tedeschi, de quien había sido secretario casi cincuenta años atrás en Bérgamo.

A nuestro cardenal le hacía ilusión poder predicar cadadía el Evangelio en su ciudad, visitar los hospitales, atender a los encarcelados, defender la concordia ciudadana, levantar las almas de los venecianos hacia Dios. Suponía que en esa ciudad acabaría su periplo eclesiástico, su aventura divina. Iba llegando a la recta final de su vida, y la pasaría en la serenísima ciudad de Venecia. Cuando ya no pudiera ejercer su ministerio, se retiraría a los tranquilos campos de Sotto il Monte y lo enterrarían junto a sus padres. Una vida que había merecido la pena. Una vida, sin embargo, para la que Dios tenía preparadas todavía muchas sorpresas.

Fuera como fuese, el cardenal Roncalli no había desembarcado en Venecia para dedicarse a contemplar el mar Adriático desde el palacio episcopal. No había llegado para apoltronarse en la sede del patriarcado. Había llegado para servir a sus diocesanos. La misión del pastor, explicaba el nuevo patriarca, es contar las ovejas una a una. Por eso, no se enclaustró en la sede del obispado. Le gustaba pasear, con las manos enlazadas en la espalda, por las calles de la ciudad, conociendo la vida y los problemas de sus conciudadanos.

Durante sus cinco años de gobierno diocesano en Venecia se abrieron treinta nuevas parroquias y un nuevo seminario. El cardenal procuró visitar también todos los colegios y los conventos de la ciudad. Roncalli estaba orondo y ancho, pero bien de salud. Nada lo detenía. El tiempo apremiaba. Se levantaba cada día a las cuatro de la madrugada. Realizaba entonces un rato de oración y leía el breviario. A las cinco celebraba su misa. A las ocho desayunaba y leía la prensa. Hasta las diez se dedicaba a la correspondencia oficial y privada. Había dejado amigos y conocidos por toda Europa y cada día redactaba una decena de cartas personales. De las diez de la mañana a la una de la tarde recibía visitas y comisiones. Comía a la una. Descansaba después media hora. Un reposo merecido. Llevaba muchas horas sin parar.

Por la tarde, junto a sus colaboradores, trataba asuntos de la vida diocesana y llevaba a cabo sus habituales visitas pastorales a parroquias y colegios. A las siete volvía al palacio episcopal. Rezaba el rosario y cenaba. Se retiraba después a su despacho. A trabajar. ¿Otra vez? Sí, pero esta vez, el trabajo era verdadero descanso. Esta última hora de trabajo diario era como el rato de juego para el niño que ha terminado sus deberes. El cardenal Roncalli se recluía, se abstraía de todos los problemas del mundo y se sumergía en el pasado. Continuaba infatigablemente con su obra sobre san Carlos Borromeo. Había publicado ya cuatro volúmenes. Esperaba finalizar el quinto en breve. Además del paseo y la naturaleza, las grandes aficiones de Roncalli durante toda su vida fueron los libros y el estudio. A las diez, el cardenal se acostaba. En seis horas debía reanudar su actividad.

Roncalli disfrutaba con su trabajo y su vocación de obispo. Lo sabía bien: solo alguien al que le gusta lo que hace puede atraer a los demás. No hay nada tan pegadizo como la sana envidia de ver cómo una persona se lo pasa bien con aquello a lo que ha consagrado su vida. Recibía a todos. Bendecía las regatas de gondoleros y a los pescadores de la laguna, que se reunían anualmente con sus atuendos azules y sus largos gorros rojos. Y no le temblaba la voz para dar su opinión ni para tomar decisiones, aunque fueran contra corriente. Reprendía la excesiva afición de los venecianos por los juegos de azar y se oponía a la construcción de un gran casino.

No se arredraba ante las estrellas del cine, que se reunían en la ciudad para el famoso certamen cinematográfico conocido como la Bienal de Venecia. Al cardenal le gustaba el cine. Hasta celebraba una misa para los cineastas que querían asistir. En la homilía les recordaba su influencia y su responsabilidad. También era capaz de denunciar los comportamientos contrarios a la moral. Reprendía cuando hacía falta, pero sabía hacerlo sin ofender.

De todos modos, el cardenal dispuso de poco tiempo para poner en marcha sus planes de renovación diocesana. El 9 de octubre de 1958 murió Pío XII, que había regido la Iglesia durante casi veinte años. Procedía de una familia nobiliaria y había ocupado importantes cargos en la diplomacia y en la curia romana antes de ser Papa. En 1939, cuando los cardenales se reunieron para elegir al nuevo Papa, casi todo el mundo daba por hecho que él iba a ser elegido, y así fue: el cardenal Pacelli fue nombrado Papa con el nombre de Pío XII.

Ahora, tras su muerte, había que poner en marcha la secular maquinaria de elección del nuevo Papa. Primero, los funerales por el Pontífice difunto. Luego, las reuniones de cardenales para tomar el pulso a la situación de la Iglesia. Finalmente, el cónclave. Sin duda, un evento religioso trascendental. También, un acontecimiento humano apasionante. Unas docenas de cardenales absolutamente incomunicados del mundo, reunidos para elegir al líder espiritual de cientos de millones de personas. Votan en la Capilla Sixtina, donde está pintado el Juicio Final, obra de Miguel Ángel. Votan ante su conciencia y ante el juicio de Dios. El planeta está pendiente de una chimenea. Si sale el humo negro, es que no se ha elegido Papa. Si sale blanco, es que una mayoría de cardenales se ha puesto de acuerdo. ¡*Habe-*

mus papam!, se grita. ¡Tenemos Papa! Hay pocos fenómenos tan mediáticos como un cónclave.

Se ha escrito que la elección de Angelo Roncalli como Papa fue una absoluta sorpresa. No es cierto. Roncalli fue considerado papable desde el primer momento. Sí es cierto que él no tenía ningún interés por ser Papa y que, además del de Roncalli, se barajaba otro buen puñado de nombres. Actualmente, el número de cardenales supera los cien. Son nombrados de todas las partes del mundo. En el cónclave que eligió a Roncalli votaron solamente cincuenta y uno. Había una mayoría aplastante de europeos. Los italianos formaban el grupo más numeroso. El cardenal Roncalli sabía que podía resultar elegido, pero no lo deseaba. Él quería acabar su misión en Venecia y morir apaciblemente en Sotto il Monte. Siempre había deseado ser un simple cura de pueblo. Ahora hablaban de él como Papa…

Su partida de Venecia fue memorable. El patriarca cruzó el Gran Canal en una motora, mientras las campanas de la ciudad repicaban y las autoridades civiles despedían a su obispo. ¿Quién sabe —se preguntaban— si volverá? A principios de siglo, el cardenal Sarto había abandonado Venecia como patriarca y ya no había regresado. Había sido nombrado Papa con el nombre de Pío X. ¿Sucedería lo mismo con Roncalli? El cardenal viajó en tren con su secretario, Loris Capovilla. El secretario leía y releía la prensa, en la que aparecían todas las informaciones sobre la muerte de Pío XII y los rumores sobre quienes estaban mejor situados para sustituirlo en la cátedra de san Pedro. A Roncalli no le interesaban los chismorreos. Él, a lo suyo, rezaba al Espíritu Santo, para que los responsables supieran escoger a la persona más conveniente. Otros hacían cábalas y discursos políticos. Él rezaba y bromeaba, aunque por la noche, ante el sagrario, pedía al Señor que tuviera piedad de él y lo librara del papado. Era mayor. No era un hombre ejecutivo. Solo era una persona buena que había intentado servir a Dios con todo su corazón y con la inteligencia que este le había dado.

Al llegar a Roma, algunos empezaron a tantearlo. Los cardenales se reunían en las llamadas congregaciones generales para analizar la situación de la Iglesia y dibujar el perfil de aquel que podría dirigirla mejor. Se hablaba mucho del cardenal Agagianian, de rito armenio. Podía significar una apertura de la Iglesia hacia Oriente. También se hablaba del cardenal de Génova, Giusepe Siri, y del de Bolonia, Lercaro. Cada uno tenía su perfil y sus proyectos para la Iglesia del futuro. Sonaban también los nombres de los cardenales Valeri, Ottaviani y Ruffini.

Los cardenales entraron en las dependencias vaticanas el 25 de octubre de 1958. Había expectación. En los días precedentes, algunos se habían acercado a Roncalli. El secretario del obispo de Turín se dirigió al secretario de Roncalli y le aseguró: «Lo quieren a él». Angelo Roncalli también tuvo ocasión de hablar con el arzobispo de Florencia, que también le insinuó que él sería una buena opción.

—Vuestra eminencia olvida que tengo 77 años —dijo Roncalli.

—Diez menos que yo —indicó ágilmente Dalla Costa—. Diez años de papado bastan.

En la historia de la Iglesia, no es extraño que, tras un papado largo, los cardenales se inclinen por un candidato ya entrado en años, previendo así lo que algunos denominan «un papado de transición». Pío XII había sido Obispo de Roma durante casi veinte años. Algunos apostaban por un Papa mayor. Roncalli cumplía ese requisito, tenía 77 años. Si algunos vieron en nuestro cardenal a un Papa de transición, a un pastor bueno que iba a pasar sin dejar una huella especial, se equivocaron de medio a medio. Efectivamente, Roncalli gobernó la Iglesia solo cinco años. Pero puso en marcha una reforma como no se había visto desde el Concilio de Trento, cinco siglos antes.

Los cardenales quedaron confinados en la Capilla Sixtina. A un lado, el mural del Juicio Final. En la bóveda, escenas del Génesis, todo obra de Miguel Ángel. No es fácil elegir a un Papa. Entre otras cosas, porque tiene que obtener los votos de dos tercios de los cardenales. El cónclave duró tres días y se produjeron once votaciones. La chimenea del Vaticano tenía a los romanos y al mundo con el alma en vilo. En diversas ocasiones, el humo empezó a salir blanco (señal de que los cardenales ya habían elegido al Papa), pero poco a poco se iba tornando oscuro. Primero gris, luego negro. No había consenso. Con su habitual transparencia, Roncalli explicaría después: «Nuestros nombres iban arriba y abajo en las votaciones como garbanzos en agua hirviendo». Finalmente, en la undécima votación, más de dos tercios de los cardenales se inclinó por don Angelo Roncalli.

Quedaba todavía un paso: él tenía que aceptar. Silencio absoluto en la Capilla Sixtina. Roncalli debía pronunciar un sí o un no. Meses más tarde, ya como Papa, explicaba en San Pedro que había aceptado con «la alegría de poder decir que no he hecho nada para provocar la elección, nada de nada». Más aún —decía—, había tenido la «preocupación formal y consciente de no hacer ningún gesto que atrajera la atención hacia su persona».

Sus palabras de aceptación fueron solemnes.

—Me he estremecido y he temido —dijo—. Lo que sé de mi pobreza y de mi humildad basta para confundirme. Pero veo en los votos de mis hermanos, los cardenales de nuestra santa Iglesia romana, el signo de la voluntad de Dios.

Ahora debía escoger un nombre. Eligió el de Juan: Juan XXIII. Así se llamaba su padre, a quien debía la vida y la formación cristiana. Ese era el nombre de dos grandes protagonistas del Evangelio de Cristo. Juan Bautista, el pregonero de la verdad, y Juan Evangelista, aquel que había resumido su predicación en las palabras «amaos los unos a los otros». Ahora le correspondía salir a la balconada del Vaticano, donde esperaba el pueblo romano, para impartir su bendición. Antes se vistió la sotana blanca propia del Santo Padre. Su secretario, Loris Capovilla, entró emocionado en la habitación. Lloraba. Juan XXIII, siempre guasón, lo calmó:

—Tranquilo, Loris. Después de todo, a quien han elegido Papa es a mí, no a ti.

Llegó el gran momento. La multitud se había ido congregando en la plaza de San Pedro al ver la fumata blanca y saber que ya se había elegido a un nuevo Papa. Pero, ¿quién era? Pronto se resolvió el misterio y Roncalli apareció revestido con los atuendos papales en el balcón de la basílica. Fue un momento que no olvidó nunca. Ciertamente, un momento de gloria. La multitud le aplaudía. Era la primera bendición de un Papa retransmitida por televisión. Lo deslumbraban los *flashes* de las cámaras de los periodistas. Los focos de las televisiones lo cegaban.

Angelino, el campesino de Sotto il Monte, se había convertido en Juan XXIII.

Sin embargo, Roncalli había conseguido domar con esfuerzo los ímpetus de gloria y fama que habían asomado en su corazón durante la juventud. Ni los focos ni los aplausos ni las alabanzas consiguieron torcer la humildad de quien había sido elegido para ocupar la Sede de Pedro. El nuevo Papa pasó la noche de su elección rezando. Los diarios personales que escribió durante el pontificado demuestran que en los años en que fue Papa no disminuyó su «audaz sencillez», sino que más bien se acrecentó. Juan XXIII sabía y reconocía que su figura despertaba simpatías generales. Pero lo atribuía al carácter «totalmente evangélico» que procuraba imprimir a su comportamiento. En la intimidad de sus diarios reconocía sentir un «desapego absoluto de todo y perfecta indiferencia tanto a las censuras como a las alabanzas».

Juan XXIII afrontó el papado con llamativa serenidad. La Iglesia vivía un momento de encrucijada. El mundo se encontraba al borde de una guerra devastadora. El Papa, evidentemente, no permaneció inactivo ni displicente. Pero tenía su esperanza y su confianza puesta en Dios. Él mismo resumía su actitud: «absoluto abandono en Dios en cuanto al presente y perfecta tranquilidad en cuanto al futuro». Él, por su parte, mantuvo su propósito de ser cercano con todos, intensificó sus deseos de santidad y reafirmó sus prácticas de piedad. Fiel a su persona y a su carácter, siguió impregnando todos sus actos con el aliño de la amabilidad y la sal del buen humor.

Un Papa cercano

El nuevo Papa no quiso ser un estadista ni un gran estratega. Pretendió convertirse en un buen pastor. Al fin y al cabo, en eso consistía ser Papa. Los santos padres que lo habían precedido —alguno de ellos, proclamado santo por la Iglesia— habían tendido a gobernar la Iglesia desde los aposentos vaticanos. Enmurallados, de algún modo. Trabajo no les faltaba, sin duda. Pero Juan XXIII no estaba dispuesto a quedar confinado en el perímetro vaticano. En todos sus encargos apostólicos había procurado acercarse a los fieles. ¿Por qué no lo iba a hacer ahora, que era Papa? La responsabilidad papal no le coartó, desde luego, el sentido del humor ni la bonhomía que lo caracterizaban.

Juan XXIII tenía que instalarse en los aposentos papales. El recién elegido Papa creyó convenientes algunos retoques. Mientras trabajaban los operarios, paseaba por aquellas estancias magníficas, construidas y pintadas en el Renacimiento. Estaba un poco perdido. En un momento dado, se sentó sobre una caja a rezar el breviario. Paseó arriba y abajo, rodeado de albañiles y carpinteros. Al entrar en una habitación en la que se encontraba un operario agachado, se produjo una situación tragicómica:

—¿Os molesto, hijos míos? —preguntó el Papa.

—Deja de hacer el burro —replicó el obrero agachado, confundiendo la voz del Papa con la de un compañero—. Anda, vente y échame una mano.

Era un obrero fuerte, orondo. Al ver al Papa y darse cuenta de que le había llamado burro, se le subieron los colores y no hacía más que balbucear:

—Santidad, Santidad…

—No se preocupe —lo tranquilizó el Papa—. Usted y yo somos del mismo partido.

—Pero, Santidad, yo no pertenezco a ningún partido.

—Mire lo abultado que soy —bromeó Juan XXIII—. Para gente como usted y como yo, ya no es necesario hacer la inscripción en el partido de la robustez.

Entonces, bendijo a todos los obreros y los invitó a comer con él. No era una pose ni una medida populista; Juan XXIII provenía de una familia sencilla. En línea con la doctrina católica, defendió siempre la propiedad privada, pero también reclamó sueldos justos para los trabajadores. Así que una de sus primeras medidas como Papa fue subir el salario de los trabajadores en el Vaticano.

—Pero, Santidad —le comentó un cardenal—, es posible que con el aumento no cuadren las cuentas.

—No se preocupe, eminencia —replicó el papa Juan—. Por si acaso, he ordenado bajar el sueldo de los cargos más altos. Así, hasta tendremos beneficios.

¿Había llegado a la cátedra de Pedro un demagogo y un bromista? No. Había llegado una persona santa, como lo ha reconocido la Iglesia al beatificarlo. Había llegado alguien que quería, ante todo, escuchar con sencillez los susurros del Espíritu Santo.

La gran ceremonia de inicio del pontificado tuvo lugar el día de San Carlos Borromeo. Fue una gran alegría para Juan XXIII. Era coronado Papa en la fiesta de aquel obispo al que tanto había estudiado y al que tanto apreciaba. Entonces, a los papas los llevaban todavía en la llamada silla gestatoria. El Papa iba sentado en una especie de sillón que algunos funcionarios llevaban al hombro. Ese día, el papa Juan XXIII estrenó la silla gestatoria, que le dio un poco de vértigo. Pero, sobre todo, trajo a su memoria un episodio de su niñez.

Un día, su padre lo había llevado a un gran acto de la Acción Católica en Bérgamo. Angelino no veía nada. Entonces, su padre se lo subió a los hombros y el pequeño pudo contemplar aquella manifestación vibrante. Al ir sentado en la majestuosa silla gestatoria, a Juan XXIII le vinieron a la mente esos recuerdos infantiles.

Otra vez se veía llevado en volandas. Pero esta vez no era su padre quien le sostenía en Ponte San Pietro. Ahora eran sus hijos espirituales quienes le transportaban en la plaza San Pedro. El Papa tenía plena conciencia de que, a lo largo de su vida, se había dejado llevar. Se había dejado conducir por el Señor y por sus representantes en la tierra. Y así, su vida se había convertido en una aventura jalonada de asombros. Él mismo afirmaba que «el secreto del éxito» pasaba por estar atento a «las sorpresas del Señor». Enseguida decidió salir de la plaza de San Pedro para visitar a algunos feligreses que pasaban especiales necesidades. Había que llevar a Dios a los demás, había escrito. En la Navidad de 1958, un mes después de su elección, visitó dos hospitales. Se ocupó, sobre todo, de niños con enfermedades graves. Les llevó el cariño del Papa y, con él, el amor de Cristo. La gente empezó a conocerlo como «el Papa bueno». El largo año que pasó en la enfermería del seminario le había hecho comprender la importancia de atender a los que sufren. Unos años antes, desde Atenas, había escrito a un familiar:

Como ves, nuestra vida está cuajada de sufrimiento y quien sabe mantenerse firme en el misterio del dolor con espíritu de fe, como tú sabes hacerlo, alcanzará una gran bendición y una gran alegría íntima.

Quizá fue todavía más impresionante su visita, al día siguiente, a una prisión romana. El día anterior había estado entre niños de mirada clara, aunque llorosa. El día de San Esteban lo pasó entre criminales. Sus asesores se lo desaconsejaron. Se trataba de un gesto peligroso. Algunos eran asesinos y violadores. Otros, simples delincuentes. En cualquier caso, también eran ovejas del redil de san Pedro. Quizá, ovejas perdidas. Pero precisamente por ello necesitaban la presencia del pastor.

El Papa fue recibido con entusiasmo. En el corazón de Roncalli, la frialdad de los salones de París contrastaba con la emoción con que lo miraban esas almas desesperadas. El papa Juan no iba sencillamente a repartir abrazos. Habló a los reclusos del infierno y les impulsó a convertirse. Les predicó sobre la misericordia de Dios y les comunicó el amor que sentía por cada uno de ellos. Al salir, un preso se le acercó, cercado por el remordimiento:

—Santo Padre, ¿también puede alcanzarme a mí el perdón de Dios?

—Sí, hijo mío, el perdón de Dios no tiene límites.

—Pero yo he matado, Santo Padre.

—Acuérdate —dijo el Papa— del buen ladrón. También él había sido un criminal. Lo crucificaron con Jesús. Pero pidió perdón al Maestro y él le prometió que ese mismo día estaría con él en el paraíso.

Durante su papado, Juan XXIII redactó ocho encíclicas. Entre las más recordadas se encuentra la que lleva por título *Pacem in terris* («Paz en la tierra»), publicada cincuenta y tres días antes de su muerte. Nuestro protagonista había sido testigo de dos guerras mundiales. Había visto morir y sufrir a muchos hombres. Él mismo contaba que nunca podría olvidar los gritos desgarradores de un austríaco al que habían destripado el pecho con una bayoneta durante la guerra. En 1963, cuando publicó la carta, el mundo vivía en un estado de máxima tensión militar. No era una quimera pensar en la posible explosión de una tercera guerra mundial.

Si las dos contiendas anteriores habían sido terribles, la tercera podía ser definitiva. Había armamento suficiente para aniquilar a la humanidad. Las principales potencias del mundo disponían de un arsenal nuclear. El planeta se encontraba en un estado de guerra fría, es decir, de enfrentamiento soterrado, que en cualquier momento podía estallar. Por un lado, se alineaban los países comunistas dominados por la Unión Soviética. Por otro, los países liberal-capitalistas, capitaneados por Estados Unidos.

Europa estaba partida en dos por el llamado telón de acero. La máxima expresión de esta división era el muro que los comunistas habían levantado en el centro de Berlín, el cual dividía la capital de Alemania en dos partes incomunicadas. Por el mundo se extendían las guerras de descolonización, en las que se infiltraba también la pugna entre soviéticos y americanos.

Unos meses antes, la tercera guerra mundial había estado a punto de estallar. Los americanos habían descubierto que los soviéticos estaban instalando unas bases secretas con misiles nucleares en Cuba. La isla, en la que había triunfado la revolución comandada por Fidel Castro, se encontraba a poca distancia de Estados Unidos. Un misil soviético lanzado desde Cuba podía alcanzar a las principales ciudades americanas en pocos minutos.

Destacadas personalidades del ejército americano apostaron por invadir Cuba, si bien la invasión podía precipitar la guerra con la Unión Soviética. Se vivieron momentos de altísima tensión internacional. Finalmente, las dos potencias llegaron a un acuerdo. Sabían, al fin y al cabo, que una guerra nuclear implicaba el fin de ambas y, quizá, el fin del mundo.

Por su parte, el papa Juan rigió la Iglesia como un buen pastor, sin dejarse intimidar por las presiones de unos y otros. Procuró reducir la importancia del protocolo. Siguió practicando su diplomacia del corazón. En una ocasión, se presentó ante él el arzobispo de Rouen y tuvo lugar una anécdota curiosa. El arzobispo se puso sumamente nervioso. Al estar ante el Papa, empezó a confundir las palabras.

—Su Eminencia —le dijo—. Me produce una gran emoción estar ante usted.

Enseguida, el prelado francés se dio cuenta de que había confundido el título del Papa, a quien no se llama protocolariamente «eminencia», sino «santidad». El arzobispo se puso colorado y, muy nervioso, continuó:

—Perdone, Santidad, Roncalli, le pido mis disculpas —el arzobispo volvió a equivocar el nombre.

—Hermano —zanjó entre risas el papa Juan—, no se preocupe lo más mínimo. La verdad es que he cambiado de nombre y de título tantas veces en la vida, que no me extraña que usted se confunda.

—Gracias, Santidad.

—Claro. De niño era Angelino. Luego me convertí en don Angelo, y empecé a ver rodar el apelativo que antecedía a mi nombre. Monseñor, excelencia, eminencia, santidad. Empiezo a estar acostumbrado a los cambios.

El arzobispo de Rouen pudo respirar tranquilo y continuó sin dificultad la conversación con el Papa.

En otra ocasión, recibió a un embajador asiático. El Papa inició entonces un diálogo llano, como solía hacer:

—¿Tiene usted familia, señor embajador?

—No, Santidad, soy soltero.

—Entonces, es usted como yo —remató el Papa.

Juan XXIII no era hombre de ceremonias ni de formalismos alambicados. Durante siglos, un estricto protocolo de corte monárquico había regido el Vaticano. En los tiempos recientes de Pío XII, por ejemplo, los jardineros tenían orden de retirarse cuando el Santo Padre paseara por los Jardines Vaticanos. A Juan XXIII la medida le pareció claramente inoportuna. ¿Por qué iban a esconderse los trabajadores al paso del sucesor de Pedro, pescador de Galilea? Muy al contrario, él se dedicaba a charlar y bromear con los jardineros, señalándoles la belleza de su trabajo. Él era el Papa, el sucesor de Pedro, el Vice-Cristo en la tierra. ¿Pero es que Pedro o Cristo habían sido hombres envarados y distantes? En absoluto. Él tampoco lo sería.

Su carácter y su comprensión del Evangelio lo invitaban a tratar a todo el mundo con cercanía y sencillez. Él no quería ser un santón venerado ni un rey temido. Juan XXIII deseaba ser un hombre natural y cercano, sobre quien había recaído el peso y la gracia de ser padre espiritual y pastor de millones de creyentes. No temía —contra las reglas del protocolo— sacar el pañuelo y secarse el sudor de la frente en las largas ceremonias que presidía.

En una ocasión, entró en su despacho el director del periódico *L'Osservatore Romano*; se colocó de rodillas ante el Papa y así permaneció un buen rato.

—Pero siéntese, hombre; esto es una reunión de trabajo —lo exhortó el Papa.

—Santidad, estoy acostumbrado a trabajar así ante el Romano Pontífice —respondió humildemente el director de la publicación, con los ojos fijos en el suelo y la libreta en la mano.

—Así es imposible despachar. O se levanta usted o me voy yo —afirmó con cierto enfado el Papa.

—De acuerdo, Santidad.

—Aprovecho la ocasión para pedirle que dejen de utilizarse ditirambos y elogios innecesarios en nuestro diario para hablar de mi persona. A partir de ahora, no escriban «los augustos labios del Santo Padre han afirmado que», sino, simplemente, «el Papa ha dicho que».

Sin embargo, Juan XXIII no había llegado al pontificado simplemente para ganarse a la gente por el corazón. Él no había deseado ser Papa, pero si había sido elegido como Obispo de Roma no era para pasar unos años transitando por el Vaticano y por las calles de Roma. Dios quería algo de él y enseguida supo lo que era. Y dejó descolocado a todo el mundo.

Tres meses después de su elección, ante la sorpresa general, convocó un concilio, es decir, una reunión de todos los obispos del mundo con el Papa para tratar asuntos clave de la organización de la Iglesia, su acción y su doctrina. El último concilio se había convocado casi un siglo antes. Y el penúltimo, el gran Concilio de Trento, había marcado la vida de la Iglesia entre los siglos XVI y XX.

Juan XXIII intuía que la Iglesia necesitaba una renovación. No una mutación en sus principios fundamentales, sino una nueva forma de vivirlos, expresarlos y encarnarlos. Uno de los objetivos del concilio debía ser facilitar la comunión entre las diversas confesiones cristianas. En otras palabras, el ecumenismo. Se trataba de sustituir la antigua confrontación entre católicos, protestantes y ortodoxos por una relación de fraternidad, que pudiera desembocar en la unidad de todos los cristianos en la única Iglesia de Cristo, plenamente subsistente en la Iglesia católica.

Antes del concilio, el Papa empezó a predicar el ecumenismo con el ejemplo. El 2 de diciembre de 1960 se reunió en el Vaticano con el arzobispo de Canterbury, cabeza de la Iglesia anglicana. Era la primera vez, en cuatrocientos años, que el Papa se reunía con el primado anglicano.

Se atribuye a Juan XXIII una gran audacia a la hora de convocar la más alta asamblea de la Iglesia católica. En efecto, fue atrevido, sobre todo, por el modo en que planteó el encuentro. No se trataba tanto de definir nuevas verdades de fe o condenar herejías, como era habitual en los concilios anteriores, sino de pensar, en conjunto con todos los obispos del mundo, cómo debía la Iglesia actuar en el mundo moderno, un mundo que tanto había cambiado en los últimos decenios.

La idea de convocar un concilio había sobrevolado ya los pontificados de Pío XI y Pío XII. Un concilio no se improvisa. Entre su anuncio y su apertura oficial pasaron más de tres años. Meses y meses de preparación, recibiendo propuestas de todos los obispos del mundo. El Papa estaba tranquilo, sabía que había tomado una decisión acorde a la voluntad divina, pero, a veces, le asomaba el gusanillo del nerviosismo. En la noche posterior a la convocatoria de la magna asamblea, a Juan XXIII le costaba conciliar el sueño. De nuevo, con su habitual sencillez, se dijo: «Pero, ¿por qué no te duermes? ¿Quién gobierna la Iglesia, el Papa o el Espíritu Santo? ¿Verdad que es el Espíritu Santo? ¡Pues anda, a dormir!».

El Concilio Vaticano II

Sin lugar a dudas, el Concilio Vaticano II ha sido el acontecimiento más trascendente de la Iglesia en el siglo XX. ¿Por qué era necesario un concilio? Desde la Revolución francesa, acaecida a finales de 1789, el mundo estaba cambiando cada vez a mayor velocidad. Se había impuesto en el mundo el liberalismo, tanto económico como político e intelectual. La relación entre la Iglesia y el liberalismo no había sido sencilla. Más bien había tenido un carácter hostil. Los adalides liberales de la Revolución francesa habían perseguido virulentamente a la Iglesia y la jerarquía eclesiástica había respondido mostrándose muy recelosa ante todos los principios liberales.

Pero la Iglesia de Cristo no podía vivir ni predicar como en el siglo XVII. El largo conflicto entre catolicismo y liberalismo se había ido serenando también. Había llegado el momento de construir puentes firmes entre la modernidad y la Iglesia, para que esta asumiera todo lo que el pensamiento moderno tenía de positivo, al mismo tiempo que la cultura moderna se debía abrir al Evangelio salvador de Jesucristo y a la doctrina predicada por la Iglesia.

La Iglesia afrontaba en todo el mundo nuevos retos sociales, culturales, tecnológicos y económicos. Juan XXIII consideró que era oportuno que todos los obispos del mundo se reunieran para decidir cómo tratar estas cuestiones. El Papa invitó también a representantes de otras confesiones cristianas.

Tras la mencionada etapa preparatoria, Juan XXIII inauguró oficialmente el concilio el 11 de octubre de 1962. El espectáculo fue sobrecogedor. Los participantes se reunieron en la basílica de San Pedro para la misa de apertura. Se volverían a encontrar allí, sentados en gradas a lo largo de la nave de la iglesia, para las sesiones generales.

En él participaron todos los obispos del mundo, así como los superiores de congregaciones religiosas, teólogos y expertos invitados por el Papa y especialistas que acompañaban a los obispos. Entre los obispos se contaban, por ejemplo, los futuros papas Pablo VI, Juan Pablo I y Juan Pablo II. Entre los teólogos invitados estaba Joseph Ratzinger, luego papa Benedicto XVI. La basílica de San Pedro se vistió de gala para la ceremonia. Pero el mayor colorido lo dieron los obispos, revestidos de bermellón episcopal. Los representantes ortodoxos, con sus largas barbas, también llamaron la atención.

Toda aquella historia había comenzado en Palestina, hacía casi dos mil años. Un Maestro y doce discípulos. Todos nacidos en aquella pequeña región a las orillas del Mediterráneo. Siglos más tarde, se reunían sus sucesores. Provenían de Italia, España, Francia, Alemania, Polonia..., de Europa entera. Pero también de Filipinas, de Japón y de todo el continente asiático. Estaban presentes los obispos norteamericanos y sudamericanos, de África y de Oceanía. «Id a todo el mundo y predicad el Evangelio», había mandado Cristo a sus doce apóstoles. Allí, en la imponente basílica de San Pedro, podían comprobarse sus frutos. ¿Quién dice que un puñado de hombres decididos no puede cambiar el mundo?

Predicó Juan XXIII. El niño campesino, el joven seminarista, el secretario del obispo, el visitador abandonado en Bulgaria, el resistente de la Segunda Guerra Mundial, el patriarca de Venecia, aquel hombre sencillo con corazón de niño, presidía ahora un evento para la historia universal. Angelino, Juan XXIII, habló. El mundo estaba pendiente de sus palabras. Él, que había luchado contra las ambiciones personales. Él, que nunca había pedido ni rechazado un cargo. Él hablaba ahora. Y el mundo escuchaba. «Gócese hoy la santa madre Iglesia», arrancó. Después de tanto esfuerzo, se iniciaba aquel evento que se proyectaría en los siglos. Un evento eclesial que el Papa ponía, en primer lugar, bajo protección de María. El concilio no venía a romper la tradición. Juan XXIII aseguraba que iba a «afirmar, una vez más, la continuidad del magisterio eclesiástico».

El Papa era un hombre optimista; lo era en el plano humano y en el espiritual. Por eso, en esta primera intervención conciliar quiso alejarse de los pesimistas, de aquellos que solo veían nubarrones en el horizonte. Se encaró, pues, con los «profetas de calamidades, avezados a anunciar siempre infaustos acontecimientos». El mundo moderno tenía sus problemas y comportaba desviaciones con respecto a las exigencias cristianas. ¿Pero es que ha habido alguna época en la historia que no haya sido turbulenta, que no se haya visto atenazada por dificultades políticas, sociales y religiosas?

El mundo moderno tenía sus ventajas y la Iglesia debía entrar en un diálogo profundo con él para enriquecerse mutuamente. El concilio —dijo el Papa— tiene como objetivo custodiar el tesoro de la verdad católica, así como encontrar nuevos caminos para difundirlo mejor en las nuevas condiciones de vida. Sus palabras fueron claras: la asamblea debía «transmitir pura e íntegra, sin atenuaciones ni deformaciones, la doctrina que durante veinte siglos» había predicado la Iglesia. Precisamente por eso, debía profundizar en las verdades de fe, así como asumirlas de forma fiel y creativa de acuerdo con las necesidades de los tiempos modernos.

Habitualmente, los concilios habían comportado diversas condenas a herejías y errores circulantes en la sociedad. Pero esta vez —explicó el Papa—, la Iglesia prefería «utilizar la medicina de la misericordia más que la de la severidad». Más que condenar errores, el concilio debía proclamar la belleza de la verdad católica. Más que conminar, tenía que invitar al mundo moderno a redescubrir el resplandor de la fe. Juan XXIII expresó su simpatía y su deseo de unidad a los cristianos no católicos. También saludó y manifestó su voluntad de diálogo con los hombres de otros credos religiosos, que todavía no habían tenido la dicha de conocer la verdad católica.

Así dio comienzo el Concilio Vaticano II. Desde hacía unas semanas, el Papa sabía que sufría cáncer de estómago. Mantuvo la información reservada. El concilio debía ponerse en marcha. La salud del Papa no podía entorpecerlo. Juan XXIII sabía que iba a morir. Seguramente, moriría como Moisés, a las puertas de la tierra prometida, sin ver concluida su gran obra. En efecto, el concilio concluyó bajo el papado de Pablo VI, Giovanni Battista Montini, que había sido el candidato preferido por Roncalli en el cónclave que le nombró Papa.

Roncalli pudo seguir únicamente la primera etapa del concilio, que duró hasta el 8 de diciembre de 1962. Durante este periodo, los padres conciliares realizaron una primera discusión y valoración de los textos presentados. Una vez escuchadas sus propuestas, los obispos volvieron a sus diócesis para que las comisiones encargadas pudieran reelaborar los documentos de acuerdo con lo acordado en las sesiones.

Mientras tanto, el estado de salud de Juan XXIII empeoraba. El cáncer fue corroyendo por dentro al Papa. A finales de mayo, su secretario, Loris Capovilla, anunció al Romano Pontífice que los médicos advertían que se acercaba el final de su vida. Angelo Roncalli tenía 81 años. Toda la vida pasó por su cabeza. Los viñedos de su infancia, las gallinas y los montes. Su padre Giovanni y su tío

Zaverio. Los años de seminarista, con sus propósitos ardientes de amor a Cristo y de fidelidad al Papa. La crisis vocacional, cuando lo apearon de los estudios y lo mandaron a la enfermería. El obispo Tedeschi. La huelga en Bérgamo. Las horas en las trincheras, preparando almas para la eternidad. El estruendo de los proyectiles y las matanzas humanas. La llegada a Sofía, los periplos en burro por los montes de Bulgaria. La alegría y la pobreza de sus gentes. Y sus cantos. Los atardeceres en Estambul. La Acrópolis de Atenas coronada por la bandera nazi. La barbarie sobre la civilización. Los ojos agradecidos de tantos y tantos judíos. El abrazo del metropolitano ortodoxo. Su primer sermón en París. Los banquetes en la nunciatura. Las bromas. Las horas de oración ante Cristo crucificado. Tantas misas. Venecia. El cónclave. «A mí no, Dios mío. ¿Por qué?» El concilio, la Iglesia del futuro. Las visitas a los enfermos y a los presos. Y el dolor que ahora sentía en el estómago. Punzante, intenso. La muerte, la eternidad. El abrazo de Cristo, por quien lo había dejado todo. Dormir para siempre en Dios. ¡Con lo que le gustaba dormir de joven! Pero otra vez el dolor. Antes de morir, sus últimas palabras fueron: «*Mater mea, fiducia mea*». La Virgen. El cielo.

Murió el Papa. En pleno concilio. Una ola de dolor cruzó la tierra. «El Papa bueno» había dejado huérfana a la humanidad y a la Iglesia. Era el 3 de junio de 1963.

Se celebraron los funerales. De nuevo, los cardenales se reunieron para elegir nuevo Papa. La responsabilidad recayó en Giovanni Battista Montini, el primer cardenal nombrado por Juan XXIII. A él le correspondió conducir el concilio hasta su conclusión. El 29 de septiembre de ese mismo año, tras un breve discurso de Montini, el papa Pablo VI, el plenario del concilio reanudó su actividad.

El concilio concluyó en el año 1965. Finalmente, los documentos fueron aprobados por una amplísima mayoría de los participantes, y fueron firmados y decretados por Pablo VI. El Concilio Vaticano II supuso un gran bien para la Iglesia. Impulsó una renovación de costumbres eclesiales, señaló el camino pastoral de la Iglesia para el nuevo milenio, definió con mayor profundidad y de forma novedosa algunas verdades de la fe, reformó la liturgia para hacerla más asequible a los fieles, proclamó que todos los cristianos están llamados a alcanzar la santidad y abrió nuevos caminos para el estudio de la Biblia y la reflexión teológica. Además, propulsó el movimiento ecuménico en busca de la unidad de los cristianos y declaró abiertamente la defensa, por parte de la Iglesia, de la libertad religiosa y de la separación cooperativa entre el ámbito civil y el religioso. El concilio, más que proclamar nuevos dogmas, se aplicó a explicarlos mejor y a intentar difundirlos con más eficacia entre los hombres y las mujeres del mundo contemporáneo.

Este encuentro impulsó la renovación de la liturgia, que se había mantenido inalterada durante cuatrocientos años. Para favorecer la participación del pueblo, se decidió que el sacerdote celebrara la misa de cara a los feligreses. Asimismo, se difundió la traducción de la misa —que antes se decía en latín— a las lenguas de cada país, para facilitar el seguimiento de la Eucaristía y la comprensión de la Palabra de Dios. Se aprobó también un nuevo misal, más didáctico y variado. Recordó el concilio que todos los católicos tienen la misma categoría y están invitados a la santidad y al apostolado, cada uno de acuerdo con su ministerio.

El Concilio Vaticano II supuso un importante punto de inflexión en la historia de la Iglesia en lo referente a su relación con los cristianos no católicos. Si durante mucho tiempo había imperado una relación de desconfianza y hasta de violencia, desde ese momento debían regir el respeto, la colaboración y la búsqueda de la unidad. Si hasta entonces se había tildado de herejes a los seguidores de las demás confesiones cristianas, ahora se les llamaba «hermanos separados» o «hermanos en el Señor». El concilio dejaba claro, en cualquier caso, que en la Iglesia católica subsistían en plenitud la verdad y los medios de salvación. También fue muy importante el documento *Dignitates humanae*, por el cual la Iglesia reconocía la libertad religiosa, así como la breve declaración *Nostra aetate*, en la que se proclamaba el afecto y el reconocimiento de los católicos por el pueblo judío y se condenaba toda discriminación o persecución contra los hebreos.

Epílogo

Un hombre bueno, un sacerdote santo

Probablemente, uno de los textos más bellos del protagonista de este libro lo encontramos pocos años antes de su elección como Papa. Se trata del discurso que pronunció al llegar a Venecia. Iba a sustituir a monseñor Agostini, que había sido un gran obispo de la ciudad. El cardenal Roncalli no quiso que otros lo presentaran. Él mismo, en este primer encuentro con sus feligreses, trazaría un retrato de su persona. Se pintó como hombre, como sacerdote y como obispo. Lo hizo con su transparencia habitual. Con humildad, pero no con una falsa humildad, empacada y, en el fondo, autocomplaciente. Se presentó con la humildad de la verdad. Así, se describió ante sus nuevos feligreses. Primero, como hombre. El patriarca no era un dios venido del cielo. «¡Soy un hombre igual que cualquier hombre que vive aquí abajo!», exclamó. El nuevo arzobispo derribó muros, apartó barreras que pudieran separarlo de sus fieles. Continúa con su retrato:

Tengo 71 años. Con el favor de una buena salud física, con un poco de sentido común que me ayuda a ver pronto y claro las cosas, con una disposición para amar a los hombres que me hace ser fiel al Evangelio y que me impide hacer mal a nadie.

Es cierto, había en él una aversión natural a la pelea y una inclinación casi natural e inevitable por querer a la gente. Sigue dibujando su perfil, ante la multitud que lo escucha atenta y admirada:

Soy de humilde extracción. Fui educado en una pobreza estrecha y bendita, que garantiza el desarrollo de las nobles y elevadas virtudes, y prepara para las grandes ascensiones de la vida.

Explica cómo la Providencia lo sacó de su pueblo natal y lo llevó a recorrer los caminos de Oriente y Occidente, y a conocer a personas de ideologías muy distintas y problemas candentes. Y añade: ante los problemas, «mantuve la serenidad y el equilibrio de juicio y de la imaginación».

Habla después de su condición de sacerdote. Lo reconoce:

Desde que nací nunca jamás pensé más en otra cosa que en llegar a ser sacerdote». La suya fue una vocación diáfana. Un don de Dios. *Así el humilde hijo del pueblo fue dotado de una misión admirable que revierte en beneficio del pueblo.*

Pero, ¿cómo puede el sacerdote acercar a los hombres a Dios? ¿Cómo puede comprender a las almas, para indicarles los caminos de la salvación? Responde Roncalli: «Él puede desempeñar esta misión, puesto que siente en sí mismo el peso de la fragilidad humana». No llegó a Venecia para hacerse el simpático ni para inmiscuirse en política o controversias sociales. No reclamó atención a sus talentos personales ni pidió que se le juzgara por sus defectos. En él, los feligreses debían ver a un ministro de la gracia de Dios. Nada más. Al mirar a vuestro patriarca, buscad en él al sacerdote, al ministro de la gracia, y no otra cosa».

Habla finalmente de su misión como obispo. Explica a los venecianos que «ya de joven sacerdote, solo aspiraba a llegar a ser un cura rural de mi diócesis».

Pero la vida lo había llevado por otros caminos. Ahora ve la sonrisa y la mirada ilusionada en los rostros de los que le escuchan. Promete que intentará devolverles su afecto. Lo hará con sencillez:

Intentaré ponerme en contacto con vosotros, pero con sencillez, y no de una manera solemne: a pasos rápidos y silenciosos. Este es el papel del pastor: contar las ovejas una a una. Así será mi ministerio entre vosotros.

Este es el cardenal Roncalli. Este es Angelo. Este es Juan XXIII. Un hombre bueno, un sacerdote santo. Un apasionado de Dios. Recibió la semilla desde niño y la cultivó con esmero. Con abnegación sonriente, como le gustaba decir, con sencillez y humildad, con piedad profunda y con trabajo concienzudo, con alegría y con penitencia.

El mundo entero lloró su muerte. Era un hombre, un sacerdote, que había sabido ganarse el corazón del mundo. ¿Cuál había sido su secreto? ¿Cómo había logrado este niño campesino, despierto y franco, hacer surgir el afecto de tantos millones de personas, ser llamado «el Papa bueno», despertar tantas ilusiones y abrir tantos horizontes en la vida de los católicos, los cristianos y los hombres y mujeres de buena voluntad? Cada persona es un misterio. También Angelo Roncalli lo fue. Solo Dios conoce los recovecos y las honduras de un alma. Al papa Juan le gustaba recordar a menudo aquella frase clásica: *gnosce te ipsum* («conócete a ti mismo»). ¿Cómo vamos a entender a otros si tantas veces somos incapaces de comprender los movimientos de nuestra propia interioridad? Los católicos tenemos la certeza de que Juan XXIII se encuentra en la gloria de Dios. Así lo declaró Juan Pablo II el año 2000, al beatificarlo y reconocer sus virtudes heroicas.

Angelo Roncalli era un hombre sencillo, transparente, veraz. Sin doblez ni engaño. Lo había sido siempre. Despierto y llano. Dormía a pierna suelta, como él mismo reconocía. Le gustaba el buen queso, el buen vino y la sal de las bromas. Amaba a las personas y al mundo. Celebraba la amistad y admiraba la belleza. Y tenía el gran don de tomarse muy poco en serio; todo lo contrario: se tomaba un poco a broma su persona y su actividad. Gran secreto de la santidad: una sana indiferencia sobre nuestra vida y nuestra fama. Angelo Roncalli fue un hombre predispuesto hacia el bien y hacia la bondad.

¿Pero explica esto todo? En absoluto. Al repasar la vida del que sería Juan XXIII, al leer, sobre todo, sus diarios íntimos, uno se da cuenta de que la paz alegre que impregnaba la figura de Roncalli se enraizaba en una lucha constante. Angelo Roncalli fue combativo y rebelde. Luchó durante toda su vida. ¿Contra quién? ¿Contra qué? Contra las zarzas que brotaban en los campos de su corazón. El gran poeta español Antonio Machado escribió unos versos reveladores: «No extrañéis, dulces amigos, / que esté mi frente arrugada; / yo vivo en paz con los hombres / y en guerra con mis entrañas». Roncalli no vivió con la frente arrugada ni con el ceño torcido. No vivió angustiado. Fue un hombre feliz. Pero esta felicidad se levantó sobre un empeño constante por plantar la buena semilla y por arrancar las malas hierbas de su interior.

De joven, combatió para conservar la pureza. Domeñó su amor propio y su deseo de honores. Lo hizo con sacrificios y con propósitos concretos, durante toda su vida. Disfrutó con la vida, pero también supo renunciar voluntariamente a muchos placeres legítimos, a fin de aumentar su amor a Dios y a las personas. Vista recogida. Pocas palabras. Silencio. Domesticó su lengua, siempre dispuesta a charlar. Una y otra vez, se esforzó por hablar bien de los demás. Rezó. Rezó mucho. Horas y horas ante el sagrario. Horas y horas ante la cruz. Así aprendió la obediencia. Obediencia a la voluntad de Dios, que lo condujo a vivir despreocupado de la opinión de los hombres y a abandonar completamente en su Padre del cielo el presente y el futuro. Obediencia al Santo Padre y a sus superiores eclesiásticos. No pidió ni rechazó cargos. No solicitó ascensos. No buscó mejoras. Se dejó llevar. Y llegó a Papa. Desde los primeros años de juventud, confió su vida a la Virgen y cuidó especialmente la caridad. Desde el seminario, se propuso esmerarse en el trato con los demás. Y así, Juan XXIII, luchando por buscar siempre y en todo la voluntad de Dios, fue un hombre feliz y una persona querida. Fue un santo que transformó el rostro de la Iglesia y conquistó el corazón del mundo contemporáneo.

Cronología

Fecha	Vida de Juan XXIII	Hechos históricos
1881	25 de noviembre. Angelo Roncalli nace en Sotto il Monte (Italia). Es el cuarto de una familia de trece hijos.	
1885		Tras unos años de expansión constante, los países europeos se reúnen en la Conferencia de Berlín para determinar el reparto colonial de África.
1892	Angelo ingresa en el seminario menor de Bérgamo, donde se le encarga la tutoría de otros seminaristas.	
1895		Los hermanos Lumière inventan el cine. Guillermo Marconi da a conocer la radio.
1900		El filósofo Edmund Husserl publica sus *Investigaciones lógicas*. Freud publica *La interpretación de los sueños*. Al iniciarse el siglo XX, el mundo cuenta con 1 700 millones de habitantes.
1901	Angelo continúa sus estudios en el seminario San Apolinar de Roma. Se consolida su amor por la Iglesia y su devoción por el Papa.	
1903		Se presentan los primeros aeroplanos.
1904	Angelo se ordena sacerdote.	
1905	Monseñor Tedeschi, obispo de Bérgamo, nombra secretario a don Angelo. Durante los años siguientes, imparte clases de Historia en el seminario y prepara un gran volumen sobre san Carlos Borromeo.	Einstein propone la teoría de la relatividad.
1907		El papa Pío X condena el modernismo teológico en la encíclica *Pascendi*.
1909	El obispo Tedeschi y don Angelo apoyan a los trabajadores en huelga de una fábrica textil de Bérgamo.	Por primera vez, un hombre (el estadounidense Robert E. Peary) alcanza el Polo Norte.

1914	Muere el obispo Tedeschi. También muere el papa Pío X, al que sucede Benedicto XV, que será un gran defensor de la paz mundial.	Tras el asesinato en Sarajevo del heredero del Imperio austrohúngaro, estalla la Primera Guerra Mundial. Mueren cerca de diez millones de personas.
1915	Don Angelo es movilizado al frente de guerra como enfermero.	Italia interviene en la guerra poniéndose del lado de Francia, Inglaterra y Rusia. La guerra se enquista. Los ejércitos abren miles de kilómetros de trincheras a lo largo de Europa.
1916	Se le nombra capellán del ejército.	
1917		Estados Unidos entra en la guerra. En Rusia, una revolución acaba con el zar. Nicolás II es ajusticiado y el régimen monárquico queda sustituido por una dictadura comunista.
1918		Por primera vez, las mujeres tienen derecho a votar en el Reino Unido.
1919	Don Angelo regresa a su pueblo, Sotto il Monte, como director de la Casa del Estudiante.	Acaba la Primera Guerra Mundial con la rendición de Alemania y Austria. Los tratados de paz humillan a las naciones vencidas.
1921	Don Angelo vuelve a Roma. El Papa lo nombra responsable en Italia de la Obra Pontificia para la Propagación de la Fe.	
1922		Benito Mussolini instaura el fascismo en Italia. El papa Pío XI sucede a Benedicto XV.
1925	El Papa envía a don Angelo a Bulgaria como visitador apostólico. Antes de su partida, lo nombra arzobispo. Pasa nueve años reorganizando y alentando a los católicos búlgaros. En Bulgaria convive por primera vez con los cristianos ortodoxos.	
1926		J.L. Baird inventa la televisión. El jazz vive unos años de apogeo.
1927		Martin Heidegger publica *Ser y tiempo*.
1928	Un fuerte terremoto sacude Bulgaria. Roncalli se implica personalmente con tiempo y dinero en ayudar a los damnificados.	

1929		La bolsa de Nueva York se desploma y da comienzo una durísima crisis económica mundial.
1933		Adolf Hitler alcanza el poder en Alemania. Las democracias liberales se ven cuestionadas en muchos países europeos.
1934	La Santa Sede nombra a Roncalli delegado apostólico en Turquía y Grecia. En Turquía hay 25 000 católicos, distribuidos en cuatro comunidades de ritos distintos.	Turquía está gobernada por Kemal Atatürk, presidente autoritario que promueve una vasta modernización de Turquía, lo que supone una intensa política de occidentalización y secularización de la vida pública.
1936		Comienza la Guerra Civil española. Maritain publica *Humanismo integral*.
1939	Al conocer la noticia del inicio de la guerra, Roncalli se retira a realizar ejercicios espirituales.	Se elige a Pío XII Romano Pontífice tras la muerte de Pío XI. Estalla la Segunda Guerra Mundial.
1939-1945	Roncalli viaja sin descanso entre Turquía y Grecia. Por un lado, facilita la llegada de alimentos al pueblo griego. Por otro, hace múltiples gestiones para ayudar a miles de judíos a escapar de la persecución nazi. Años después, el gran Rabino de Jerusalén escribe a Roncalli para agradecerle su apoyo.	El mundo entero está en guerra. Alemania ocupa gran parte de Europa. Japón hace lo mismo en Asia. Los nazis exterminan a millones de judíos. Finalmente, Estados Unidos, la URSS y Gran Bretaña ganan la guerra. El conflicto deja más de cincuenta millones de muertos.
1943		Jean-Paul Sartre publica *El ser y la nada*.
1944	El papa Pío XII nombra a Roncalli nuncio en París, donde debe resolver cuestiones diplomáticas con el Gobierno francés. Recorre la geografía francesa impulsando la vida católica.	
1945		Tras el final de la Segunda Guerra Mundial, el mundo queda dividido en dos grupos. En uno están los países que orbitan en torno a la Unión Soviética. En otro, los aliados de Estados Unidos. Entre estos dos bloques se crea una situación de permanente tensión conocida como guerra fría. En los países comunistas, la Iglesia católica sufre una violenta persecución.
1947		India y Pakistán alcanzan su independencia.

1949		Mao Zedong, presidente de la República Popular de China.
1950		Estalla la guerra de Corea. El papa Pío XII proclama el dogma de la Asunción de la Virgen María.
1952	Pío XII nombra cardenal a Roncalli.	
1953	El cardenal Roncalli es designado patriarca de Venecia.	
1957		Ghana es el primer país africano que logra su independencia. En los años siguientes se suceden las guerras y las declaraciones de independencia en las colonias.
1958	Tras la muerte de Pío XII, el cardenal Roncalli es elegido Papa con el nombre de Juan XXIII. Pocas semanas más tarde, visita dos hospitales y una prisión de Roma.	
1959	Juan XXIII anuncia la convocatoria de un gran concilio.	
1960	El papa Juan XXIII se reúne con el primado de la Iglesia anglicana y crea el Secretariado para la Promoción de la Unidad de los Cristianos.	
1961	El Papa publica la encíclica *Mater et magistra*, en la que recuerda el derecho tanto a la propiedad privada como a un salario justo. Defiende la lucha contra las desigualdades económicas.	Primero la Unión Soviética y Estados Unidos después lanzan al espacio a los primeros astronautas.
1962	Juan XXIII preside la apertura del Concilio Vaticano II, con el objetivo de renovar la vida y las formas eclesiales para transmitir mejor el mensaje evangélico al mundo contemporáneo.	Estados Unidos descubre la presencia de misiles nucleares rusos en Cuba. Tras unos días de máxima tensión, se llega a un acuerdo diplomático.
1963	Juan XXIII publica la encíclica *Pacem in terris*, sobre la paz en el mundo. 3 de junio. Juan XXIII muere en Roma. Es sucedido por Pablo VI.	Multitudinaria manifestación liderada por Martin Luther King en Washington contra la discriminación de los negros en Estados Unidos.
2000	Juan Pablo II beatifica a Juan XXIII.	La Iglesia celebra el Gran Jubileo del año 2000. El mundo tiene 6000 millones de habitantes.
2013	El papa Francisco canoniza a Juan XXIII.	

Índice

Colección biografía joven

1. **Pasión por la verdad** (San Agustín)
   Autor: Miguel Ángel Cárceles

2. **El joven que llegó a Papa** (Juan Pablo II)
   Autor: Miguel Álvarez

4. **La madre de los más pobres** (Teresa de Calcuta)
   Autora: María Fernández de Córdova

5. **La descubridora del radio** (María Curie)
   Autora: Mercedes Gordon

6. **Un genio de la pintura** (Velázquez)
   Autora: Mercedes Gordon

7. **Camino de Auschwitz** (Edith Stein)
   Autora: María Mercedes Álvarez

8. **La formación de un imperio** (Carlos V)
   Autor: Godofredo Garabito

9. **Los pastorcillos de Fátima** (Lucia, Francisco y Jacinta)
   Autor: Miguel Álvarez

10. **Un arquitecto genial** (Antoni Gaudí)
    Autor: Josep Maria Tarragona

11. **Un corazón libre** (Martin Luther King)
    Autor: José Luis Roig y Carlota Coronado

12. **Una vida para la música** (Johann Sebastian Bach)
    Autora: Conchita García Moyano

13. **El hijo del Trueno** (San Juan de Betsaida)
    Autor: Miguel Ángel Cárceles

14. **Siempre madre** (Santa Juana de Lestonnac)
    Autora: M.ª Teresa Rados, O. N. S.

15. **El mago de las palabras** (J. R. R. Tolkien)
    Autor: Eduardo Segura

16. **La aventura de ser santo** (San Josemaría Escrivá de Balaguer)
    Autor: Miguel Ángel Cárceles